Andrée Bergstein

Nous, les enfants de 1943

De la naissance à l'âge adulte

Éditions Wartberg

Mentions légales

Crédits photographiques :

Archives personnelles de l'auteure, pp. 4, 7h, 8, 13, 15, 20-25, 27-29, 32-38, 41, 43, 45, 50-52, 54-55, 56g, 57.
© Ullstein bild, pp. 6 , 11, 14, 30, 31, 39, 46, 49, 53, 56d, 59 ; Ullstein bild – Hoffmann, p. 5 ; Ullstein bild – Oskar Poss, p. 7b ; Ullstein bild – archiv Gerstenberg, p. 12. ; Ullstein bild – LEONE, pp. 16, 17 ; Ullstein bild – dpa (85), p. 18 ; Ullstein bild – Lauterwasser, p. 40 ; Ullstein bild – AKG Pressebild, p. 47h ; Ullstein bild – Röhnert, p. 48 ; Ullstein bild – Blume, p. 58 ; Ullstein bild – Probst, p. 60 ; Ullstein bild – Heinz Köster, p. 61 ; Ullstein bild – AKG Pressebild, p. 63.
© Studio Lipnitzki / Roger-Viollet, p. 47b.

Nous remercions tous les ayants droit pour leur aimable autorisation de reproduction.
Dans le cas où l'un d'eux n'aurait pu être joint, une provision de droits est prévue.

Merci à Michelle, Denise, Claude, Xavier, Claire et Jean-Charles pour leur très précieuse contribution.

5e édition, 2012

© Éditions Wartberg
40, rue de l'Échiquier
75010 Paris

Un département de
Wartberg Verlag GmbH & Co. KG.
Im Wiesental 1
34281 Gudensberg-Gleichen
Allemagne

Conception graphique : Ravenstein & partenaires, Verden.
Imprimé en Allemagne sur les presses de Thiele & Schwarz, Kassel.

ISBN : 978-3-8313-2543-6

Préface

Chers enfants de 1943,

En 1943, l'Europe est en pleine guerre. Nous, les Français nés cette année-là, serons forcément des êtres à l'enfance singulière. Nos parents ont vécu le conflit, l'ont subi de plein fouet et, quoi qu'ils aient fait pendant cette période, ils en resteront imprégnés toute leur vie. Peu après nous, en 1945, naîtront les baby-boomers, que l'on décrit souvent comme une génération épargnée, ayant grandi à une époque où la légèreté pouvait enfin accompagner la jeunesse.

Nous, les enfants de 1943, sommes nés dans un entre-deux. Ayant vu le jour à la fin de la guerre, nous n'en avons quasiment pas de souvenirs, et il nous arrive parfois d'entendre dire que nous ne l'avons pas vraiment vécue. Et pourtant, nous en restons, pour la plupart d'entre nous, durablement marqués. Soit parce que nous en avons directement souffert, soit parce que l'instabilité de cette France-là nous a accompagnés dans nos plus jeunes années, celles où, on le sait aujourd'hui, les choses s'impriment et nous font tels que nous sommes. Selon l'identité, le milieu, le métier ou les opinions politiques de nos parents, nous avons tous traversé cette période de manières très diverses. Mais l'histoire avec un grand h s'est invitée dans nos vies à tous.

Le monde bouleversé des années quarante, la lente reconstruction de l'après-guerre, les débuts de la société de consommation, l'euphorie des années soixante… nous sommes devenus des adultes en traversant les événements marquants du siècle et avons tenté de laisser à nos enfants un monde plus stable que celui que nous avions connu. Aujourd'hui, nous pencher sur notre jeunesse nous donne l'occasion de retrouver ces décennies troublées, riches en faits historiques, en courants politiques et intellectuels. Mais c'est aussi et surtout retrouver les détails oubliés de la vie quotidienne qui sont le sel de nos enfances, qui ont fait de nos vies des moments uniques au cœur de l'histoire et forgé des existences qui ne ressemblent à aucune autre. Parce que dans les détails se tient souvent caché l'éventail des souvenirs, c'est toute une époque qui se déplie devant nos yeux.

Andrée Bergstein

1943–1945

La **naissance**

Un nouveau bébé
déjà bien entouré.

Au cœur du conflit

Le 8 février 1943, je vois le jour dans
un monde en guerre. À l'Est, les Soviétiques libèrent la ville de Koursk dans
l'une des plus grandes batailles de chars
de l'histoire. Dans l'Atlantique Nord, en Médi-
terranée et jusqu'en mer de Chine, la bataille navale
fait rage. Depuis juillet 1940, le gouvernement de Vichy dirige la France en
bonne entente avec les Allemands.

 Mon père étant juif, ma petite enfance sera particulièrement bouleversée
par la guerre. En effet, la milice française est devenue l'un des outils des
nazis pour accélérer la mise en application de la « solution finale » dans une

Chronologie

2 février 1943
Défaite des Allemands à la bataille de Stalingrad, après des combats d'une rare violence. Ce tournant de la seconde guerre mondiale marque le début du recul de l'armée allemande.

19 avril 1943
Les Juifs du ghetto de Varsovie se soulèvent contre les Allemands. C'est la première vraie insurrection juive dans l'Europe nazie.

8 juillet 1943
Jean Moulin meurt dans le train qui le conduit en Allemagne après avoir été torturé. Il n'aura jamais parlé.

6 juin 1944
D-Day : les Alliés débarquent sur les côtes normandes. C'est au prix de milliers de morts que s'établira la tête de pont nécessaire pour libérer l'Europe des nazis jusqu'à Berlin.

10 juin 1944
Massacre de 642 habitants du village d'Oradour-sur-Glane par les SS.

25 août 1944
Libération de Paris. Le général de Gaulle défile sur les Champs-Élysées.

27 janvier 1945
Les troupes soviétiques libèrent le camp de concentration d'Auschwitz. La majorité des prisonniers ont déjà été évacués par les Allemands vers d'autres camps ou assassinés lors des « marches de la mort ».

4-11 février 1945
Conférence de Yalta. Les États-Unis, le Royaume-Uni et l'URSS, représentés par Roosevelt, Churchill et Staline, se réunissent en secret pour décider ensemble d'une stratégie d'action.

30 avril 1945
Juste avant l'arrivée des troupes soviétiques, Adolf Hitler et Eva Braun se suicident à Berlin, dans le bunker de la chancellerie.

8 mai 1945
Le général de Gaulle annonce officiellement à la radio la fin de la guerre. Les Français envahissent les rues dans une explosion de joie.

13 octobre 1945
Création de l'UNESCO (Organisation des Nations unies pour l'éducation, la science et la culture) par 44 pays.

Paris sous les bombes.

France de plus en plus hostile aux Juifs et aux étrangers. Pourtant, un espoir commence à naître. Février 1943, le mois de ma naissance, est aussi marqué par la défaite des Allemands à Stalingrad. Leur armée n'est plus invincible, et cela remet peu à peu en question la légitimité du régime de Vichy.

La venue au monde

C'est l'hiver quand mes parents et ma grande sœur s'installent dans un petit village du sud-ouest après avoir fui les bombardements pendant l'exode. Comme eux, beaucoup de Français

De 0 à 2 ans

espéraient trouver davantage de sécurité en zone libre. Mais depuis le 11 novembre 1942, elle est elle aussi passée sous le contrôle des nazis et a pris le nom de « zone sud ». Ceux qui, au départ, n'étaient que de simples réfugiés, subissent de plus en plus la montée de l'antisémitisme. Même si ma mère n'est pas juive, ma sœur porte le nom de son père et toute la famille doit se cacher.

Pour beaucoup de femmes enceintes, il est difficile de bénéficier d'un suivi approprié. La grossesse de ma mère, à cause du stress et des privations, est presque invisible. Ma sœur, alors âgée de sept ans, dira plus tard n'avoir appris mon existence que juste avant ma naissance. À l'époque, on cache beaucoup de choses aux enfants. Il n'est pas rare qu'on dissimule même le décès d'un parent, en disant par exemple qu'il est parti en voyage.

Par prudence, ma mère se rend seule à la clinique de la ville voisine pour accoucher. S'il est ainsi de plus en plus fréquent de mettre un enfant au

Paysan français.

monde dans une structure hospitalière, beaucoup de futures mères accouchent encore chez elles, avec très peu de soins médicaux. Les naissances sont une affaire de femmes, qui prodiguent des conseils et s'occupent de l'intendance, du bébé et des tâches ménagères. Les hommes participent très peu et n'assistent presque jamais aux accouchements.

Après la guerre, de gros progrès seront faits dans les soins prodigués aux nouveaux-nés, et l'ouverture de nombreuses maternités permettra de réduire considérablement la mortalité infantile.

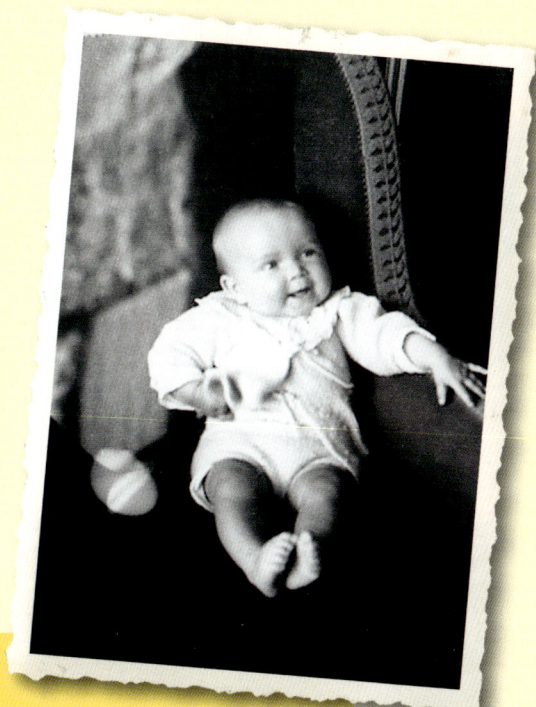

Bébé ravi de 1943.

Les soins du nouveau-né

Après l'accouchement, il est d'usage que la jeune mère reste au lit pendant quarante jours, jusqu'au retour de couches. Mais les conditions ne permettent pas à la mienne de prendre du repos. Née un mois avant terme, je ne suis pas mise en couveuse et sors de la clinique dans un état pitoyable.

Un couffin improvisé.

De 0 à 2 ans

Des nouveaux-nés dont il faut prendre soin.

Je n'ai pas d'ongles ni de cheveux. Quand on me change, ma peau part en lambeaux avec les langes. Ma mère me dira plus tard qu'une voisine, voyant ma fragilité, lui a même conseillé de ne pas s'attacher à moi.

Cette guerre qui a fait tant de mal à la population civile touche en premier lieu les enfants et les familles, que rien n'a préparés à devoir lutter pour leur survie. Mes parents mettent leur voiture en vente et ma mère fait des allers et retours à la capitale pour vendre ses bijoux, qu'elle cache dans les ourlets de ses vêtements. Comme beaucoup d'autres, ils se retrouvent totalement démunis, alors qu'ils étaient auparavant habitués à une vie confortable et sans histoires.

On ne dispose pas, comme aujourd'hui, de nombreux articles de puériculture, et même l'essentiel manque cruellement. Il faut faire avec les moyens du bord. Pour me tenir chaud, ma mère m'entoure de coton hydrophile après m'avoir enduite de glycérine, un corps gras qui permet au coton de ne pas rester collé à ma peau fragile. Les jours de grand froid, on glisse dans mon berceau deux bouteilles d'eau chaude, placées de chaque côté de mon corps, en guise de bouillottes.

Dans leur grande majorité les mères allaitent leurs enfants, même si le biberon, considéré comme une libération pour les femmes, est de plus en plus utilisé. On fait jeûner le bébé durant vingt-quatre heures après sa naissance pour qu'il se purge du liquide amniotique avalé *in utero* avant d'être nourri par sa mère. L'allaitement a l'avantage d'être gratuit, mais encore faut-il être en assez bonne condition physique pour avoir du lait. Ma mère est trop sous-alimentée. Heureusement, le pharmacien lui donne des tickets pour se procurer du lait en poudre, avec lesquels elle me confectionne des biberons qu'elle fait chauffer dans le petit poêle à bois. À la moindre flammèche, il faut tout recommencer.

En 1943, le baptême des enfants est presque systématique, soit par conviction religieuse, soit pour les protéger de la barbarie nazie. Ainsi, ma mère tient à ce que nous soyons baptisées pour prouver que nous ne sommes pas juives. Beaucoup de familles font ce choix, ce qui donnera lieu à une polémique : certaines institutions catholiques auxquelles on aurait confié des enfants juifs pour les protéger auraient ainsi, par la suite, refusé de les rendre à leurs parents.

Stratégies de survie

Ces temps de guerre favorisent les maladies infantiles. L'une d'elle, la toxicose ou « diarrhée verte », emporte de nombreux nourrissons. Ils se « vident » littéralement et peuvent décéder en quelques jours, sous l'effet d'une déshydratation rapide. Il est d'autant plus difficile de les sauver que beaucoup de familles, notamment celles qui vivent dans la clandestinité, ne peuvent consulter un docteur. Lorsque j'attrape cette maladie, je dois ma guérison à une rencontre fortuite entre ma mère et un médecin juif sur un banc du village. Il n'a plus le droit d'exercer mais lui donne des conseils qu'elle suit à la lettre. Elle cesse de me donner du lait et me nourrit exclusivement d'eau sucrée, sans se laisser intimider par mes cris ni par les avertissements de son entourage. Sa détermination me sauvera. Si j'ai eu beaucoup de chance, ce n'est malheureusement pas le cas de bien des enfants. La mortalité infantile augmente et la santé des Français se détériore.

Pour faire vivre sa famille, il faut se procurer des tickets de rationnement. Il y en a pour la nourriture, le textile, mais aussi le matériel de jardinage ou le tabac. Devant les magasins, des queues interminables ; dedans, très peu de marchandises. Les topinambours, accommodés de diverses façons, deviennent un aliment de base, et on trouve des ersatz de presque tout. Le pigeon remplace le poulet ; l'orge, ou même le gland à cochons grillé, font office de café.

Si le marché noir permet à certains de faire bombance, la majorité de la population lui préfère le système D. On détricote des vieux pulls pour habiller les bébés, on se taille des vestes dans les rideaux. L'hiver, on passe le plus de temps possible dans les lieux publics chauffés. On pratique aussi régulièrement le troc. Mon père travaille dans des fermes et reçoit en échange des cabas de légumes, ou de la farine de maïs que ma mère mélange avec de l'eau dans un grand fait-tout qu'elle fait chauffer sur le poêle à bois. Ma mère et ma tante tricotent de la laine de pays avec laquelle elles confectionnent de grandes vestes à torsades. Leur savoir-faire de dames de la ville rencontre un certain succès auprès des paysannes, qui les paient en paniers de tomates.

Les zazous

Même si le phénomène des zazous a connu son apogée avant 1943, cette jeunesse extravagante a traversé l'ensemble des années de guerre en leur apportant ironie et légèreté. Les zazous s'opposaient à leur manière au régime de Vichy en revendiquant des passions frivoles comme la danse, le jazz et le swing. Par solidarité ou provocation, il leur arrivait de porter une étoile jaune, sur laquelle ils inscrivaient les mots « goy » ou « swing » à la place du mot « juif ». Certains d'entre eux furent raflés et envoyés dans des chantiers de jeunesse ou des camps comme celui de Drancy, d'où ils finirent la plupart du temps par être relâchés. Les zazous sont également devenus la cible de jeunes collaborateurs qui n'hésitaient pas à les passer à tabac, voire à les raser en pleine rue.

Connus pour leurs expérimentations vestimentaires, les zazous arboraient un style d'inspiration anglo-saxonne alors que le gouvernement de Vichy interdisait formellement tout ce qui venait d'Amérique. Pour déjouer la censure, certains donnaient des titres français à des standards américains. Ainsi, « Lady be good » devint « Les Bigoudis ». Ils portaient des vestes les plus longues possibles à une époque où le tissu était une denrée rare, et se laissaient pousser les cheveux alors que, depuis un arrêté de 1942, les cheveux coupés devaient être réutilisés pour fabriquer des pantoufles. On distinguait les zazous de la rive droite de ceux de la rive gauche, connus pour être plus jeunes et plus bohèmes. Tous avaient en commun un sacré sens de la dérision et un parapluie toujours fermé, même et surtout sous la pluie.

Rafle dans le quartier du port, Marseille.

La traque, les Justes

Au cours de l'année 1943, la traque des Juifs s'intensifie. C'est le « temps des rafles ». Sur ordre du gouvernement de Vichy, tous les Juifs de plus de six ans doivent porter l'étoile jaune. Ils sont également sommés de faire figurer la mention « juif » sur leurs papiers officiels et sont soumis à de nombreux interdits. Ils ne peuvent plus sortir de chez eux après vingt heures, on confisque leur poste de TSF et ils n'ont plus le droit d'exercer certaines professions. Leur téléphone est coupé. Tout est mis en œuvre pour les isoler. Certains commerces portent la mention « Interdit aux Juifs et aux chiens ». Pendant ce temps, le régime de Vichy diffuse abondamment sa propagande, inondant la population de messages radiophoniques mièvres qui exaltent l'amour de la patrie, des enfants et des vieillards.

Dans ma famille, on ne portera pas l'étoile jaune. Les Juifs qui choisissent de ne pas se faire recenser peuvent à tout moment être contrôlés et arrêtés. Mais paradoxalement, ceux qui respectent la loi risquent eux aussi, et de plus en plus, la déportation.

Une nuit, la police française fait irruption dans la maison et braque une torche sur le lit de mes parents. Ils emmènent mon père dans un camp, à Toulouse. Nous apprendrons plus tard qu'il a été dénoncé par le voisin du

De 0 à 2 ans

dessus. Dans un même immeuble ou au sein d'un village, il faut apprendre à reconnaître ses amis et ses ennemis. À l'inverse, nombre d'inconnus, ou presque, font beaucoup pour aider les Juifs, en particulier les enfants. Le nom de « Justes » leur sera décerné par l'État d'Israël après la guerre. Il s'agit le plus souvent d'actes isolés, mais il arrive aussi que toute une communauté s'organise pour sauver de la déportation les Juifs qu'elle abrite. Ainsi, dans le village du Chambon-sur-Lignon, la population entière s'est unie pour sauver plus de 3 000 Juifs et de nombreux maquisards.

Si de tels actes de solidarité collective sont rares, il arrive qu'aient lieu de véritables petits miracles. Ainsi, des semaines plus tard, en pleine nuit, nous avons la surprise et la joie de voir mon père revenir. Il a réussi à s'évader en sautant du camion qui l'emmenait, s'est dissimulé dans la foule, a été caché par des prostituées puis a parcouru des centaines de kilomètres à pied pour nous rejoindre. Après avoir rassuré ma mère, il quitte notre maison devenue trop dangereuse et rejoint un réseau de résistants de la région.

La Résistance

En 1943, la Résistance s'organise de mieux en mieux. Dans la zone sud comme dans la zone nord, son action est de plus en plus coordonnée. Cette efficacité permet même de libérer la Corse avec l'aide de combattants d'Afrique du Nord. En 1943 à Alger, le général de Gaulle crée avec Henri Giraud le CFLN, Comité français de la Libération nationale. Il charge Jean Moulin d'organiser la lutte des différents réseaux, afin de mieux s'unir contre l'ennemi.

En plus des femmes et des hommes qui militent activement, des familles, comme la mienne, se retrouvent liées à des maquisards. Ma mère, ma sœur et moi constituons, pour la police française, un moyen de pression pour

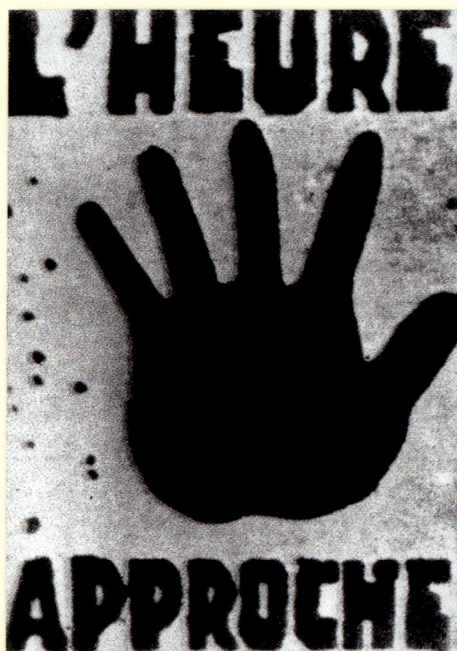

Affiche de la Résistance.

retrouver mon père et ainsi démanteler tout le réseau. Les résistants nous prennent d'autant plus volontiers sous leur aile. Lorsqu'ils la préviennent de l'arrivée de la police, ma mère me prend sous le bras, fourre son linge encore mouillé dans une valise et nous embarque dans une longue marche nocturne à travers la campagne, ma sœur accrochée à sa jupe.

Les résistants nous conduisent de ferme en ferme, la plupart du temps la nuit. Cette vie dangereuse et la séparation d'avec mon père conduisent finalement mes parents à prendre la décision de retourner à Paris. J'ai un an lorsqu'on quitte la région avec de faux papiers et tous nos vêtements sur le dos pour pouvoir courir si le besoin s'en fait sentir. La peur nous prend au ventre quand les Allemands montent dans le train pour contrôler les voyageurs. Mais comme souvent à l'époque, la malchance des uns fait la survie des autres. Du compartiment voisin, on entend monter des cris et des altercations. Un voyageur est arrêté. Dans l'agitation, les Allemands oublient de contrôler un compartiment : le nôtre. Nous arrivons sains et saufs à Paris.

La crèmerie familiale.

Retour à Paris

Nous débarquons par surprise dans la crèmerie de ma grand-mère, que je n'ai encore jamais vue. Mais malgré les apparences, il ne sera pas possible de reprendre le cours de notre vie. Mon père est de nouveau obligé de se séparer de nous. Le concierge de l'immeuble, sympathisant nazi, risquerait de le dénoncer. Il est un temps hébergé par une tante mais l'inactivité et la

De 0 à 2 ans

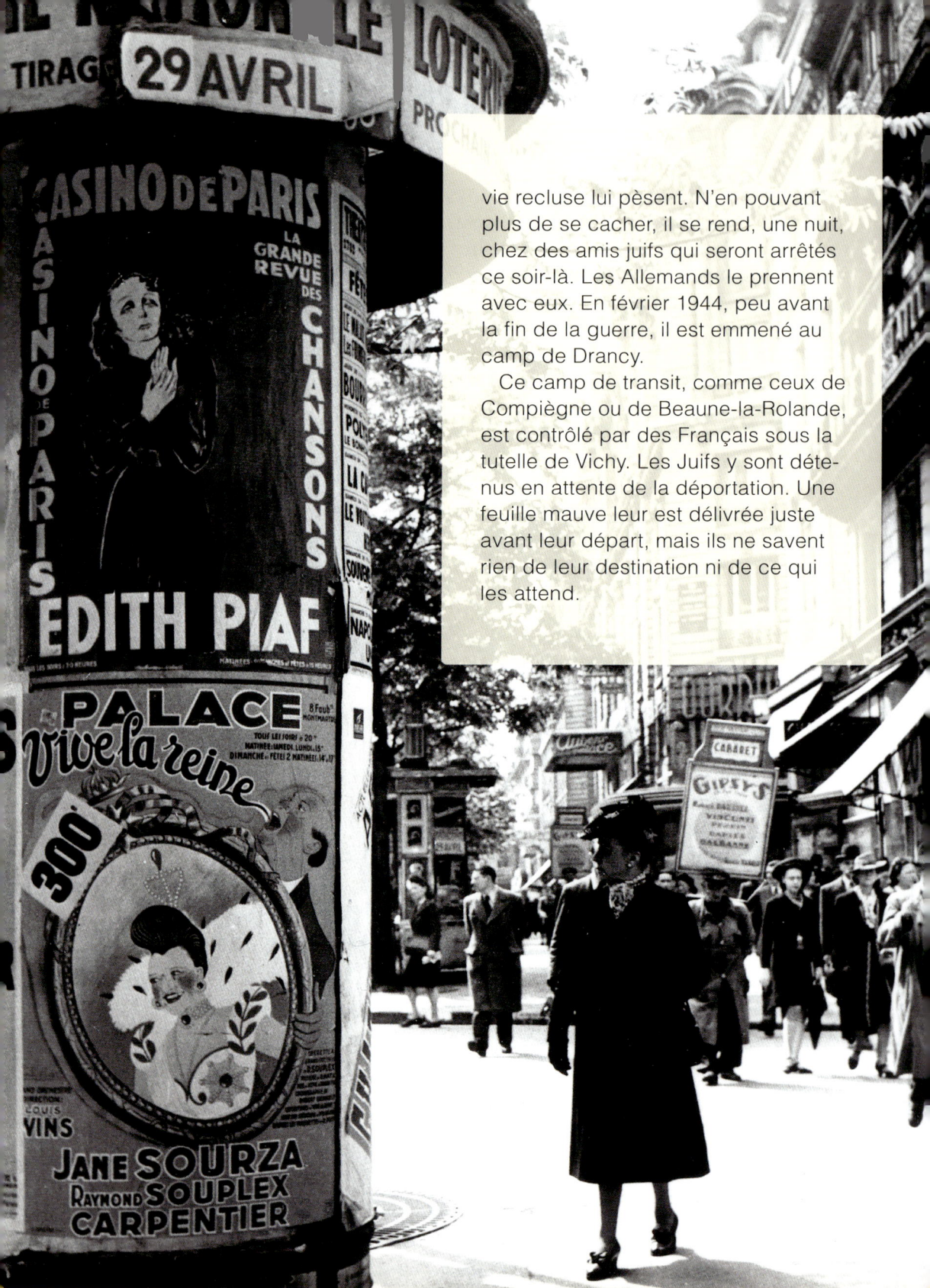

vie recluse lui pèsent. N'en pouvant plus de se cacher, il se rend, une nuit, chez des amis juifs qui seront arrêtés ce soir-là. Les Allemands le prennent avec eux. En février 1944, peu avant la fin de la guerre, il est emmené au camp de Drancy.

Ce camp de transit, comme ceux de Compiègne ou de Beaune-la-Rolande, est contrôlé par des Français sous la tutelle de Vichy. Les Juifs y sont détenus en attente de la déportation. Une feuille mauve leur est délivrée juste avant leur départ, mais ils ne savent rien de leur destination ni de ce qui les attend.

Paris sous l'Occupation.

Ma mère, comme beaucoup d'autres, essaie régulièrement de faire passer à son mari des colis contenant de la nourriture et des vêtements chauds, mais on ne sait jamais s'ils lui parviennent. Après des années d'attente et d'angoisse, on apprendra qu'il a été déporté à Auschwitz.

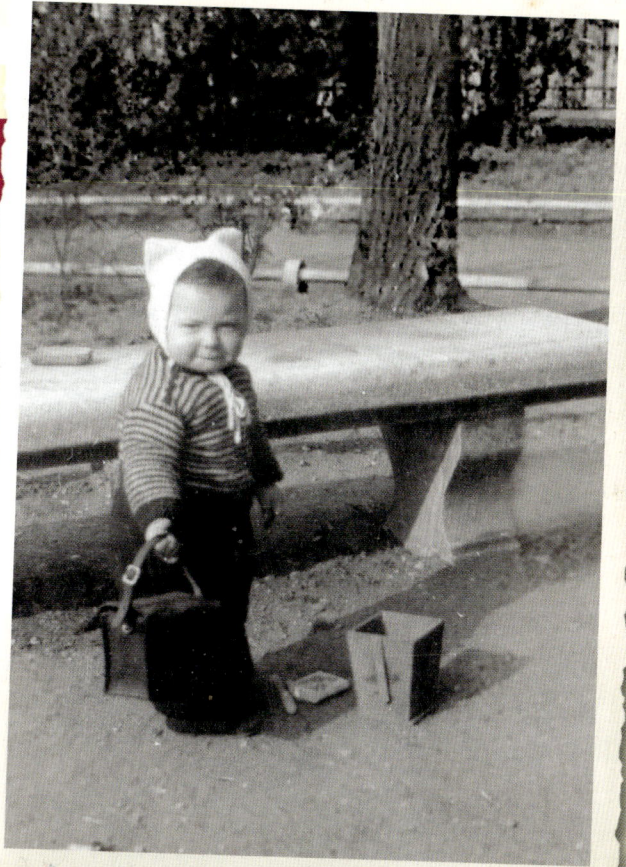

Rares sorties au square.

La vie sans lui

Vers la fin de la guerre, beaucoup de familles se retrouvent ainsi amputées d'un de leurs membres. Il faut alors redoubler d'énergie pour entretenir, notamment pour les enfants, l'illusion d'une vie normale. Ma mère vend sur les marchés des vêtements que son beau-frère lui envoie d'Amérique. Certains Juifs sont, comme lui, partis aux États-Unis pour échapper à la déportation. Beaucoup d'entre eux aident ensuite comme ils peuvent leurs proches restés en France.

En dehors des nécessités de la vie et de rares promenades dans les jardins de la capitale, nous sortons peu.

Je n'ai pas le souvenir d'avoir eu des jouets dans les premières années de ma vie. Je me rappelle plutôt les jeux improvisés avec les moyens du bord et les comptines comme *La Petite Bête qui monte* ou *À dada sur mon bidet*.

Ce n'est pour personne une période propice aux loisirs et aux jeux. De plus, ma mère guette toujours les pas de mon père dans l'escalier et préfère rester à la maison au cas où il reviendrait.

De 0 à 2 ans

Soldat américain
à la Libération.

La Libération

Lors de la libération de Paris, en août 1944, je suis encore toute petite mais ma sœur me fera plus tard partager ce souvenir inoubliable. Les Américains font découvrir aux enfants les chewing-gums et le corned-beef. Dans certaines municipalités, des repas sont organisés pour les enfants de déportés. Chacun est assis à côté d'un soldat américain et mord pour la première fois de sa vie dans un gigantesque éclair au chocolat.

Après la Libération, les déportés sont emmenés à l'hôtel Lutetia à Paris, cet établissement de luxe qui était devenu le siège du service de renseignements de l'État-Major allemand. Ils arrivent en nombre, certains sur des civières, toujours vêtus de leurs pyjamas rayés. Ils y sont lavés, soignés. Des listes de noms sont affichées et les familles peuvent venir chercher leurs proches. Ma mère et ma sœur attendent pendant des heures devant cet hôtel, dans l'espoir d'avoir des nouvelles de mon père.

On peut aussi retrouver des parents ou des amis par l'intermédiaire de la radio, qui diffuse de nombreuses annonces et passe en boucle des listes de noms. Mais celui de mon père n'apparaît nulle part. Nous n'apprendrons sa mort que des décennies plus tard. Ma sœur et moi sommes déclarées pupilles de la nation.

Après la guerre

En 1944, le CFLN du général de Gaulle devient le gouvernement provisoire de la République française. Le 21 avril de la même année, on accorde le droit de vote aux femmes, décision qui sera appliquée pour la première fois lors des élections municipales d'avril 1945.

   Pour la plupart d'entre nous, enfants de 1943, et malgré les pertes dues à la guerre, la Libération marque la fin d'un cauchemar et les balbutiements d'une France plus progressiste. Même si nous sommes trop jeunes pour vraiment nous rendre compte que quelque chose a changé, l'attitude de nos parents, la liesse de la rue, la nourriture qui revient dans les assiettes et surtout la sécurité retrouvée nous redonnent un peu de joie et de sérénité.

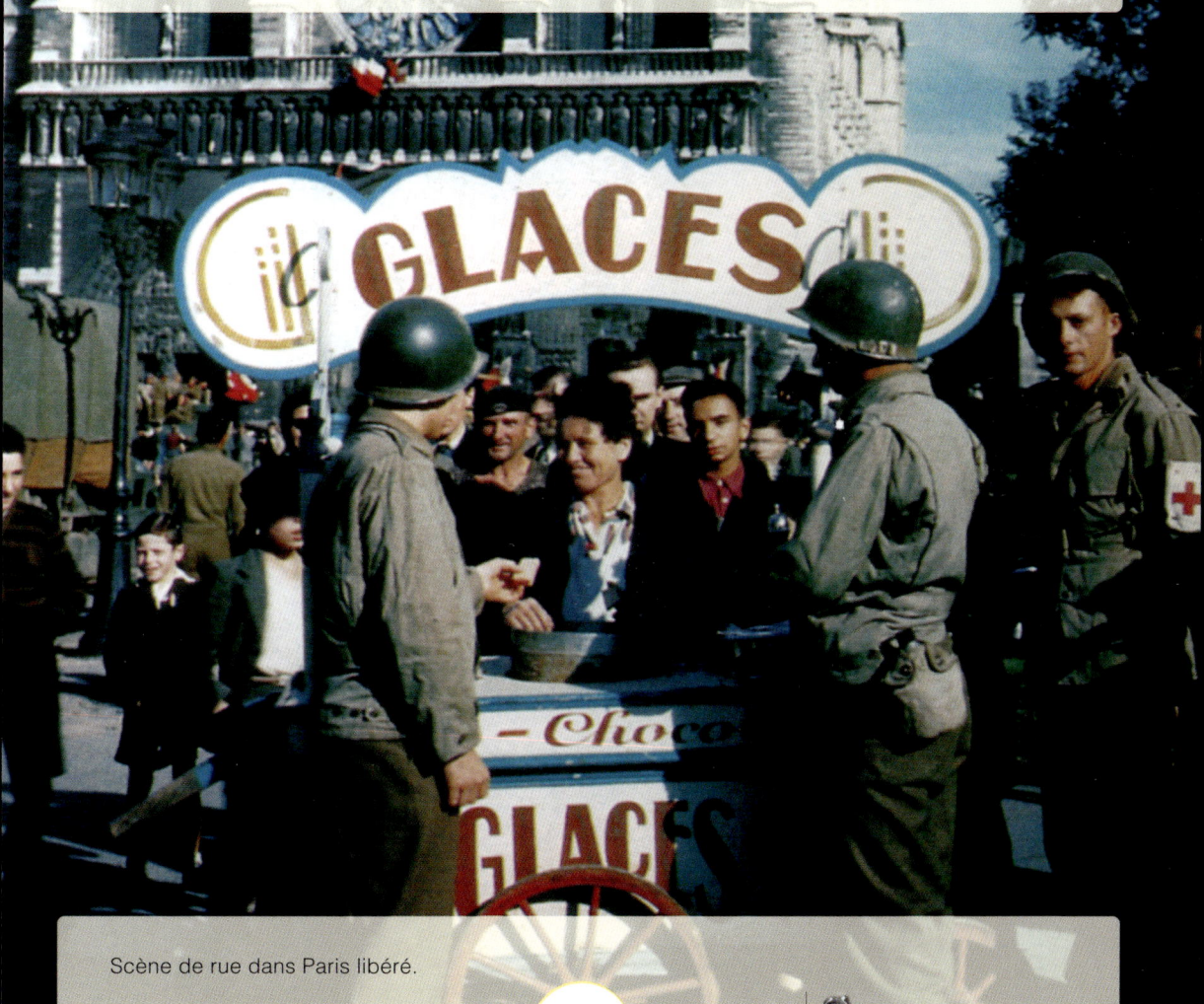

Scène de rue dans Paris libéré.

De 0 à 2 ans

L'après-guerre

Procès
de Nuremberg
(1946).

Au lendemain du conflit

La vie revient peu à peu à la normale mais les conditions restent difficiles.
La France est marquée, économiquement et socialement, par le conflit qui
vient de la toucher.

Chronologie

20 janvier 1946
Le général de Gaulle démissionne de la présidence du gouvernement provisoire de la République française.

28 février 1946
Parution du premier numéro du journal sportif *L'Équipe* qui succède à *L'Auto*, interdit en 1944 car il était devenu un outil de propagande nazie.

8 avril 1946
La loi de nationalisation des secteurs de l'énergie est votée par l'Assemblée nationale, ce qui aboutit à la création d'EDF (Électricité de France) et GDF (Gaz de France).

1er octobre 1946
Après presque un an de procès où sont jugées 24 personnalités du IIIe Reich accusées de crime contre la paix, crime de guerre et crime contre l'humanité, le tribunal de Nuremberg rend son verdict : la plupart des accusés sont condamnés à mort.

24 juin 1947
Les premiers objets volants non identifiés sont observés par Kenneth Arnold, homme d'affaires et pilote, aux commandes de son appareil dans l'Idaho.

15 août 1947
L'indépendance et la partition de l'Inde et du Pakistan sont déclarées au terme de longues négociations.

29 novembre 1947
Adoption, par l'Assemblée générale des Nations unies, du plan de partage de la Palestine qui crée un état juif, un état arabe et une enclave internationale à Jérusalem.

30 janvier 1948
Assassinat du Mahatma Gandhi, qui prôna toute sa vie la non-violence, par un extrémiste hindou à Delhi.

24 juin 1948
Le blocus de Berlin, établi par les Soviétiques, concrétise les désaccords entre les quatre occupants de l'Allemagne. En Europe, deux camps se dessinent de plus en plus nettement.

7 octobre 1948
Présentation de la Citroën 2CV au Salon automobile de Paris.

Lors de l'épuration, beaucoup de Français, reconnus collaborateurs, sont chassés ou condamnés. C'est aussi l'occasion pour certains de régler leurs comptes. Des hommes sont lynchés, des femmes sont tondues et, même si je suis trop petite pour prendre la mesure de ce qui se passe, cette période de renouveau a aussi un goût amer.

Dans les zones qui ont été occupées par les Allemands, la reconstruction s'organise selon les « 5 D » : démontage, démilitarisation, dénazification, démocratisation et décentralisation. On remplace ce qui a été endommagé ou détruit, on entame la chasse aux dirigeants nazis, qui durera bien après la guerre et se concrétisera par des procès cruciaux, on réorganise la vie politique et sociale des États libérés.

Beaucoup de denrées restent rationnées et la crise du logement fait rage. Le plan Marshall, par le biais duquel les États-Unis octroient une aide financière à l'Europe, encourage la reconstruction mais endette considérablement le pays.

Les Français se consolent avec les débuts de la société de consommation, profitent de certaines avancées technologiques pour améliorer leur existence et se choisissent de nouveaux héros proches du peuple comme Jean Robic, surnommé Biquet, qui remporte le Tour de France en 1947.

1946, c'est le début des Trente Glorieuses et, soucieux d'oublier au plus vite le traumatisme de la guerre, les Français ont bien l'intention d'en profiter.

De 3 à 5 ans

Jeunes enfants.

Des familles en mutation

L'immédiat après-guerre est aussi l'époque du baby-boom, favorisé par la politique nataliste du gouvernement : un essor démographique sans précédent qui s'accompagne, petit à petit, d'améliorations du quotidien. Les intérieurs deviennent plus confortables. On trouve de plus en plus souvent des salles de bains et des WC dans les appartements, et beaucoup de familles possèdent désormais des glacières ou des machines à coudre. Dans les villes, les rues retrouvent peu à peu leur fourmillante animation.

Dans cette France en reconstruction, il va falloir faire avec les pertes et les blessures. Beaucoup de femmes ayant, comme ma mère, perdu leur mari, elles doivent s'occuper comme elles peuvent de leurs enfants. Certaines veuves font le choix de se remarier et, même si à l'époque la mode est plutôt aux mariages durables, avec très peu de divorces, ce contexte particulier fait émerger de nombreuses familles recomposées.

Après la guerre, ma mère se rapproche de plus en plus d'un ancien résistant qui a aidé des Juifs à obtenir des papiers d'identité. Ils sympathisent et nouent peu à peu une relation. Ma sœur et moi allons désormais devoir accueillir un nouvel homme dans la famille.

Famille à la campagne.

Notre retour à la terre

Comme beaucoup de Français, nous avons besoin d'un nouveau départ. Ce sera la campagne. On quitte Paris pour s'installer dans un petit village de l'Yonne. Pour rénover notre nouvelle maison, on relève nos

Une nouvelle vie champêtre.

manches et entreprend beaucoup de travaux. Enfants, parents, tout le monde participe.

Les sujets d'étonnement sont nombreux pour la petite citadine que je suis. J'adore regarder les étincelles qui jaillissent quand le maréchal-ferrant tape sur le fer rouge. La plupart du temps, ce sont encore des chevaux qui tirent les charrettes de foin – même si la guerre est finie, l'essence est toujours rationnée, ce qui ne favorise pas l'essor des machines à moteur.

Nous sommes désormais très loin de la vie parisienne. Seul notre poste TSF, avec lequel mon beau-père écoute religieusement les « nouvelles », nous relie au monde.

Sur mon fier destrier.

De 3 à 5 ans

Potager, lait frais et peaux de lapins

La vie à la campagne induit beaucoup de changements, notamment en ce qui concerne l'alimentation. On achète peu de produits frais, préférant se fournir dans son propre jardin ou auprès des paysans des environs. Ma mère et mon beau-père se lancent dans la culture des arbres fruitiers et, très vite, nous pourvoyons nous-mêmes à la majorité de nos besoins.

Nous mangeons énormément de pommes et de cerises, notre nouvelle spécialité. Ma mère les décline sous toutes les formes. En dessert, nous dégustons des fruits crus, de la compote ou des tartes faites maison. Pour le goûter, parfois du chocolat Poulain râpé sur du pain avec du beurre. Le matin, même les tout petits boivent du café au lait ou de la chicorée.

On achète le lait directement à la ferme. Cette expédition est souvent confiée aux enfants, qui se rendent à l'autre bout du village avec leur laitière en métal. Les chiens montent la garde et aboient sur notre passage. Arrivés à la maison, on fait reposer le lait pour que la crème monte petit à petit, et on la récupère pour la cuisine.

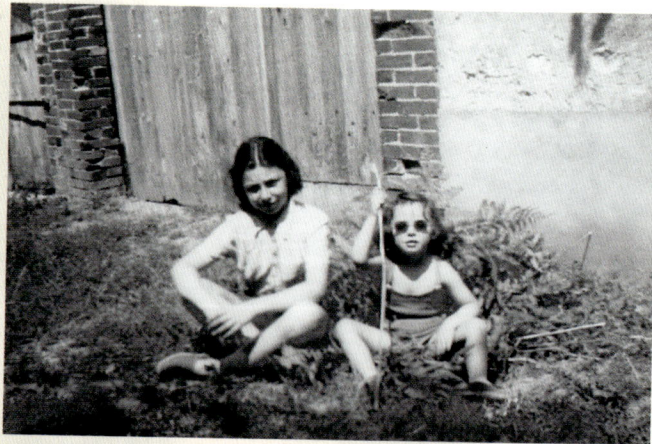

À la ferme.

22

Aux fermiers, on achète aussi des poules et des lapins. C'est mon beau-père qui est chargé de tuer le lapin et de le dépecer, avant de vendre sa peau à un marchand qui passe dans le village en criant « peaux de lapin, peaux de lapin… ». On mange peu de bœuf, surtout de la volaille et du porc, ce dernier étant plus facile à conserver.

Les lapins dans leur clapier.

Le jour où l'on tue le cochon est un événement qui rassemble de nombreux villageois. C'est l'occasion de régaler tous ceux qui donnent un coup de main. Je me souviens des cris de la bête qu'on égorge, de l'odeur fade du sang et des grandes bassines d'eau chaude dans lesquelles on nettoie les boyaux. Venant de la ville, ma sœur et moi sommes un peu dégoûtées par tout ça, mais nous devons vite nous habituer. Toute la journée, c'est « ripaille ». Ici, on s'active autour de l'animal, là, des femmes épluchent des quantités d'oignons pour accommoder le boudin ou les pâtés. Comme il n'y a pas de réfrigérateur, beaucoup de choses sont cuisinées et transformées sur place. Pour conserver les beaux morceaux de viande, on les met dans des grands saloirs. Dans la « souillarde », une arrière-cuisine souvent pourvue d'une cheminée où brûlent des fagots de bois, on fume le lard et les saucisses.

Les emplettes

Une fois par semaine, l'épicière de la ville voisine passe avec sa voiture à cheval surmontée d'une grande capote noire. Elle range ses marchandises partout où elle peut, y compris sous ses larges jupes. Un boucher passe

De 3 à 5 ans

aussi à domicile, ainsi qu'un boulanger à qui on achète de gros pains qui durent plusieurs jours.

Sur la place de l'église, il y a une épicerie qui fait aussi café, hôtel et restaurant. C'est le centre névralgique du village. Les boutiques se remplissent doucement de marchandises et les bonbons refont leur apparition dans les bocaux – boules de gomme, roudoudous, bâtonnets de réglisse dont on mâche longtemps les fibres en aspirant goulûment le jus sucré. À l'épicerie, on trouve de la blédine pour les petits enfants, des légumes secs qui demandent toute une préparation (les haricots blancs sont mis à tremper la nuit, et on passe des heures à trier les lentilles pour en enlever les petits cailloux), du fromage industriel comme La Vache qui rit et ses nombreuses concurrentes dont La Vache sérieuse, ou encore du lait concentré sucré au bon goût de caramel que l'on peut mélanger au café du matin.

Vive l'eau !

La toilette se fait dans la cuisine, dans un tub, une grande bassine plate en métal dans laquelle on verse de l'eau qu'on a fait bouillir sur la cuisinière. Ma mère nous lave les cheveux avec du savon de Marseille puis les rince avec de l'eau vinaigrée pour les faire briller ou avec des décoctions de coques de noix pour donner de légers reflets roux. Les cheveux des enfants sont soigneusement peignés le soir pour éliminer poux et lentes.

Après nous avoir lavés, on nous frictionne le dos à l'eau de Cologne pour nous parfumer et activer la circulation du sang. Cette grande toilette n'a en général lieu qu'une fois par semaine : le matin, nous nous contentons de nous laver le visage et les oreilles.

En ces années d'après-guerre où les pertes humaines ont été très importantes, on insiste beaucoup sur l'hygiène. Très tôt, on apprend aux enfants à bien se laver les mains, avec du savon de Marseille puis des savonnettes Cadum, à l'odeur plus agréable. Nous devons nous laver les mains avant de passer à table, après être allés aux toilettes, en rentrant de l'école... Pour les enfants récalcitrants, certains parents tentent par des stratagèmes de faire de cette corvée un jeu et chantent, par exemple, des petites chansons comme « Vive l'eau, vive l'eau qui nous lave et nous rend propres, vive l'eau, vive l'eau, qui nous lave et nous rend beaux... ».

Pour nous fortifier, on nous donne de l'huile de foie de morue que nous avalons avec dégoût. Pour dégager nos bronches, on nous pose des cataplasmes de moutarde qui démangent la peau.

La toilette des enfants.

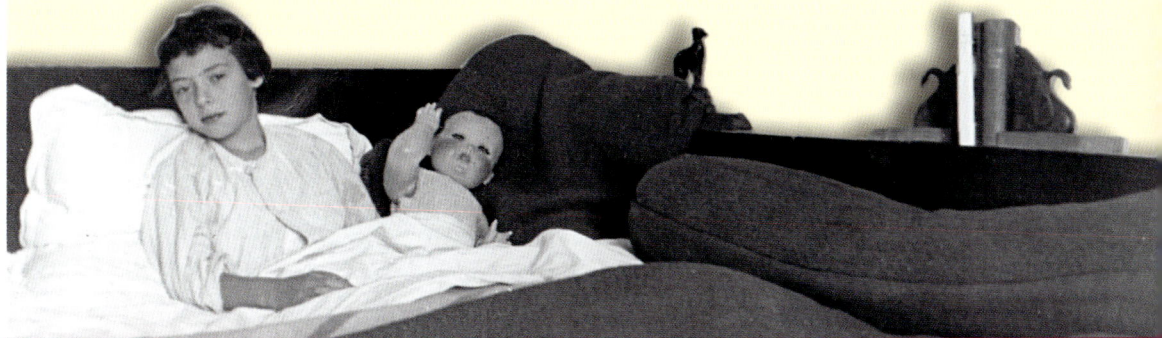

En attendant le cataplasme.

De 3 à 5 ans

En plus des nombreux bouleversements qu'elle a suscités, la deuxième guerre mondiale a une autre conséquence pour la France : affaiblie par le conflit, celle-ci peine à maintenir sa domination sur ses colonies et ses « départements », comme l'Algérie. Elle ne voit pas venir les mouvements d'émancipation des peuples qu'elle pense encore maintenir sous son emprise. En 1945 déjà, en Algérie, les émeutes de Sétif réprimées dans le sang marquent le début d'une longue série de drames humains. 1945, c'est aussi l'année où Hô Chi Minh proclame l'indépendance du Vietnam. Si la France parvient à un accord avec le dirigeant vietnamien, il est rendu inapplicable lors de l'instauration, par le commissaire Thierry d'Argenlieu, de la République de Cochinchine. Après le bombardement du port d'Haïphong, la situation s'envenime. C'est le début de la guerre d'Indochine, qui ne prendra fin qu'avec la capitulation de la France en 1954.

À Madagascar, devant le refus des Français d'assouplir leur domination, notamment en abolissant le travail forcé, le Mouvement démocratique de la rénovation malgache démarre une insurrection qui sera très durement réprimée. On déplore plusieurs milliers de morts.

Si on les nomme désormais « départements et territoires d'Outre-mer », la France échoue à remettre réellement en question sa gestion des colonies. La guerre d'Algérie, qui ne s'achèvera qu'en 1962 par les accords d'Évian, n'aboutit pas à un réel consensus et ne fait qu'entériner la fracture entre la France et les territoires qu'elle a occupés.

Si ses colonies se trouvent, au début des années soixante, considérablement réduites, cela n'empêche pas la France de garder une forme de domination sur certaines d'entre elles, comme en Afrique où la coopération militaire, financière, culturelle et économique prend souvent des airs de néo-colonialisme.

Du tricot pour tous

Comme les gâteaux, la plupart de nos vêtements sont « faits maison ». De plus en plus de femmes ont des machines à coudre et passent un temps fou à confectionner des vêtements pour toute la famille.

Elles tricotent aussi beaucoup. Quand il fait froid, ma mère nous fabrique des chemises et des culottes de laine. Plus tard, quand nous découvrirons les vacances à la mer, nous porterons des maillots de bain en laine tricotés, terriblement lourds et dégoulinants quand on sort de l'eau !

Les enfants ont des « habits du dimanche » plus beaux que ceux de la semaine, pour les sorties ou la messe, qu'ils doivent enlever dès qu'ils rentrent à la maison pour ne pas les salir.

Les petites filles sont, la plupart du temps, coiffées avec beaucoup de soin. On leur fait des tresses remontées sur la tête, des macarons en haut du crâne ou sur les côtés, et on leur met souvent des rubans dans les cheveux.

Les femmes aussi accordent beaucoup d'attention à leur chevelure même si, à la campagne, on va peu chez le coiffeur. Ma mère se décolore elle-même avec de l'ammoniac et se fait des « indéfrisables » avec des bigoudis en fer.

Un joli ruban dans les cheveux.

Entre parents et enfants

À la campagne, les enfants passent le plus clair de leur temps dehors, à jouer entre eux : les adultes sont bien trop occupés pour partager nos distractions.

Le soir, ils prennent quand même le temps de nous lire des histoires. Je me souviens surtout de celles d'un petit Africain, dans un livre intitulé *Les Histoires de Boussanga*. *Sans famille*, d'Hector Malot, est aussi très à la mode pour les enfants un peu plus grands, ainsi que les éternels contes de Perrault et de Grimm. Pour nous

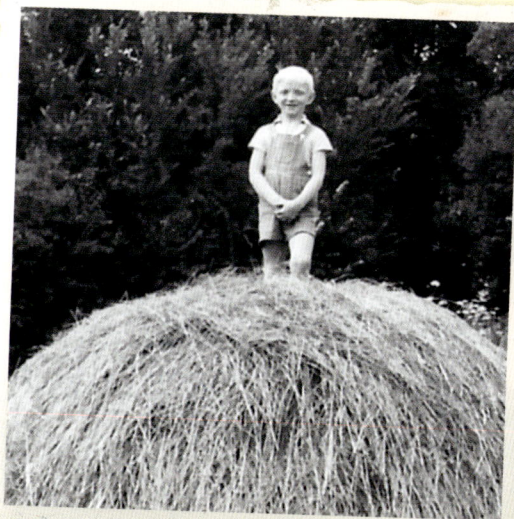
Le roi de la motte de foin.

De 3 à 5 ans

endormir, on nous chante des chansons comme « Le fils du roi s'en va chassant » ou « Là-haut sur la montagne ». Les enfants des familles catholiques récitent aussi leur prière avant de s'endormir.

L'éducation est bien plus stricte qu'aujourd'hui. À table, on entend toujours : « Tiens-toi droite ! » Même si, dans ma famille, on laisse les enfants s'exprimer, ils doivent laisser les adultes parler et ne pas prendre toute la place. Ma mère est très douce et mon beau-père, ancien instituteur, pédagogue et plutôt progressiste. Nous ne sommes pas souvent punies mais nos parents savent se faire respecter. Nous leur témoignons beaucoup d'obéissance et de reconnaissance.

Nous avons de la chance de ce côté-là car dans les années quarante, les punitions sont monnaie courante. Quand un enfant fait une bêtise ou, par exemple, ne veut pas manger ce qu'on lui donne, on le met « au coin » ou on le prive de dessert. Les fessées sont également fréquentes.

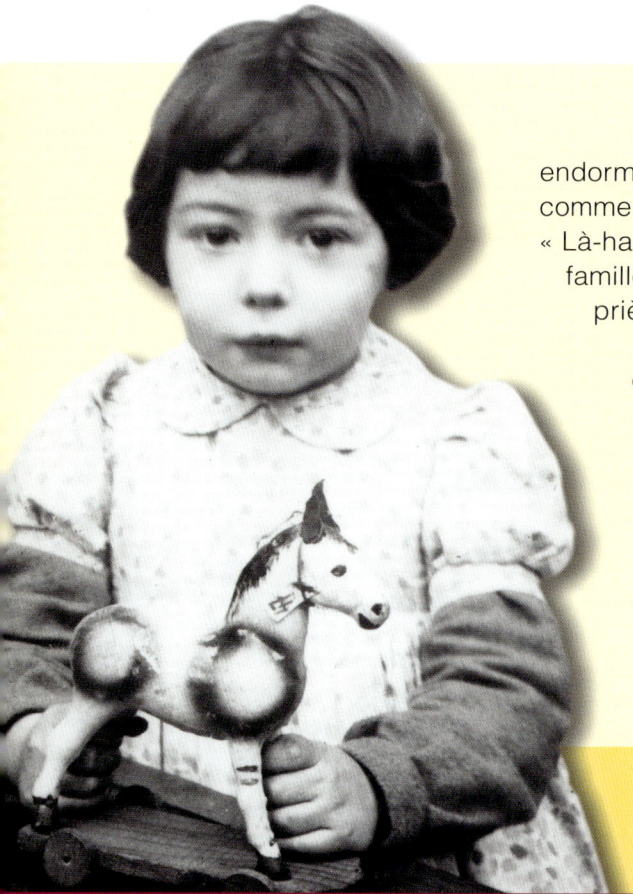

Un vrai trésor : un petit cheval de bois.

La maternelle

Ces années de la petite enfance sont aussi celles du premier contact avec l'école. Pour ma part, je ne fréquente la maternelle que quelques mois, à Paris, avant de partir à la campagne – il n'y en a pas dans notre petit village.

Les parents peuvent choisir de mettre leurs enfants à l'école communale ou à l'école religieuse. Dans les deux cas, on dispose à peu près des mêmes fournitures : un plumier en bois et des crayons de couleur, rangés dans un petit cartable. La classe a souvent lieu dans une seule salle, dotée de plusieurs rangées de petits pupitres.

À la maternelle, on fait du picot : sur des feuilles de papier rose où sont dessinées des formes, nous suivons les traits en faisant des petits trous avec une aiguille. Sous nos doigts se révèlent des lapins, des chats… Nous faisons également du tressage, qui consiste à entrelacer des bandes de papier de couleur en les passant dans des fentes. Sans oublier les activités de plein air, les rondes et les chants comme *Savez-vous planter les choux* ou *Sur le pont d'Avignon.*

Même si mon passage à l'école maternelle est bref, ce premier contact avec l'apprentissage et la fréquentation d'autres enfants m'ancrent pour de bon dans une vie « normale ». Les années de guerre sont désormais derrière nous.

L'âge d'entrer à la maternelle.

De 3 à 5 ans

L'école primaire

Une nouvelle venue dans les foyers.

Des nouvelles du monde

Tandis que je découvre les bancs de l'école, la télévision en noir et blanc arrive dans les foyers et apporte sur un plateau des nouvelles du monde. Le 29 juin 1949, Pierre Sabbagh présente le premier journal télévisé. Dans ma famille, on s'intéresse beaucoup à la politique et les informations deviendront plus tard un moment important de la journée. Mes parents se posteront religieusement devant la télévision et là, pas question de partir dans un

Chronologie

4 avril 1949
Signature du pacte de l'Atlantique Nord et création de l'OTAN.

23 mai 1949
Création de la République fédérale d'Allemagne (RFA). L'URSS renchérit en octobre en créant la République démocratique allemande (RDA).

1er octobre 1949
Proclamation de la République populaire de Chine par Mao Zedong.

9 février 1950
Aux États-Unis, le sénateur Joseph McCarthy dénonce « l'infiltration » de plus de 200 communistes dans le département d'État, initiant une véritable chasse aux sorcières.

11 février 1950
En France, création du SMIG (Salaire minimum interprofessionnel garanti).

7 octobre 1950
L'armée chinoise entre au Tibet.

25 juin 1950
Début de la guerre de Corée, qui prendra fin le 27 juillet 1953.

24 novembre 1951
Départ du commandant Cousteau et de son équipage pour leur premier voyage à bord de la *Calypso*.

5 avril 1951
Aux États-Unis, Ethel et Julius Rosenberg, accusés d'avoir livré des informations sur le nucléaire à l'URSS, sont condamnés à mort pour espionnage.

16 octobre 1952
Le paysan français Gaston Dominici est accusé du triple meurtre de la famille Drummond. Il sera gracié en 1960 par le général de Gaulle.

1er novembre 1952
Les États-Unis font exploser la première bombe H.

7-8 décembre 1952
L'assassinat de Farhat Hached, l'un des chefs de file du mouvement national tunisien, par une organisation armée française, entraîne un soulèvement dans tout le pays.

21 février 1953
Deux jeunes chercheurs anglo-saxons, James Watson et Francis Crick, découvrent la structure de l'ADN.

5 mars 1953
Mort de Joseph Staline.

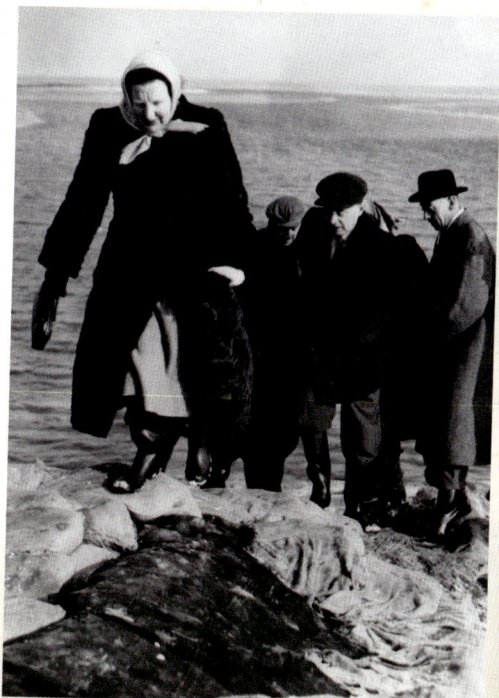

La princesse et la reine des Pays-bas visitant la région où les polders ont cédé.

fou rire ni de créer toute autre perturbation sonore ! Pour l'instant, la « télé » n'est pas encore arrivée jusqu'à notre petit village, mais ça ne saurait tarder.

Désormais, les Français se passionnent pour l'actualité, reçoivent des informations sur la guerre d'Indochine et la mort de Staline, ou sur diverses catastrophes advenues aux quatre coins du monde. En 1953, certains enfants apportent à l'école des couvertures destinées aux habitants de la Hollande, où les polders se sont rompus, causant de graves inondations. Avec l'arrivée de la télévision, les événements mondiaux prennent un nouveau relief.

De 6 à 10 ans

La classe unique.

L'école primaire

De mon côté, le grand événement de l'année de mes sept ans, c'est l'entrée à l'école primaire. Comme souvent à la campagne, je suis dans une classe unique. À cette époque, peu d'écoles sont encore mixtes mais dans mon petit village, filles et garçons sont mélangés.

La salle de classe que je découvre ressemble à beaucoup d'autres : le bureau de la maîtresse, une estrade et un grand tableau noir sur le rebord duquel sont rangés règles, compas, équerres et rapporteurs. De grandes cartes de géographies sont accrochées au mur. Les pupitres des élèves, munis d'un casier, sont percés d'un trou dans lequel nous rangeons notre encrier en porcelaine blanche.

Dans mon école de campagne, nous avons un poêle dans la classe. Les plus grands fendent le bois sous le préau. En hiver, quand il fait très froid, on fait chauffer des briques pour les placer sous les pieds des plus frileux. Malheureusement, cela ne permet pas toujours d'éviter les engelures, ces brûlures du froid qui rendent les doigts de pieds tout rouges.

L'un des lieux essentiels de l'école, c'est la cour de récréation. On y joue à différents jeux, comme « l'épervier passe », « chat perché », « chat blessé », « la balle au prisonnier » ou, pour les petites filles, « la mère confiture ».

L'équipement du parfait petit écolier

Pour aller à l'école, nos parents nous achètent des habits à la mercerie – blouses à carreaux de couleur claire pour les filles, noires ou grises pour les garçons. Notre cartable, qui va nous suivre longtemps, est acheté dans une papeterie. Les plus durables et appréciés sont en cuir, mais il en existe des moins chers en carton bouilli.

Notre équipement d'écolier comprend également un plumier en bois à étages dans lequel nous rangeons de quoi écrire – crayon à papier, gomme, porte-plume et crayon d'ardoise.

Nous avons aussi une boîte de crayons de couleur, un buvard, des cahiers (un pour la classe, un pour les devoirs à la maison et un cahier de brouillon sur lequel nous écrivons au crayon) et des protège-cahiers. Nous utilisons une ardoise pour le calcul mental : lorsque la maîtresse énonce des opérations, il faut vite la brandir avec le résultat. Pour effacer, nous nous servons d'une petite éponge que l'on range dans une boîte et qui dégage toujours une odeur désagréable.

Nos cahiers doivent être très bien tenus, couverts d'une écriture régulière, avec des pleins et des déliés. C'est un exercice délicat qui se solde souvent par une myriade de taches d'encre violette. Au début des années cinquante, le stylo-bille de la marque Bic fait son apparition mais ses utilisateurs sont encore bien rares et les enseignants lui préfèrent la bonne vieille plume difficile à manier. Nous couvrons soigneusement nos livres à la maison avec du papier bleu ou rouge, et y collons une étiquette avec notre nom.

« Il dit oui à ce qu'il aime / Il dit non au professeur. »

Devoirs et leçons

Tous les soirs, nous devons faire nos devoirs et apprendre nos leçons mot à mot. Si en français et en mathématiques, l'enseignement est proche de celui

De 6 à 10 ans

qu'on dispense aux écoliers d'aujourd'hui, il en diffère beaucoup dans certains domaines. Ainsi, en sciences naturelles, on nous apprend que l'humanité est divisée en quatre races : la blanche, la noire, la jaune et la rouge (cette dernière désignant les Indiens d'Amérique). Nous recevons également une leçon de morale qui consiste à commenter ensemble une maxime que la maîtresse écrit au tableau. Le samedi, nous faisons de la couture, du point de croix et du canevas.

Certains enseignants appliquent la méthode progressiste de Célestin Freinet qui prône le respect des différences des enfants. Ils sont encouragés à être acteurs de leur scolarité et à participer à la vie de la classe, notamment en tenant un journal. Mais tous les écoliers n'ont pas accès à une telle pédagogie, loin s'en faut. Globalement, l'école reste beaucoup plus stricte qu'aujourd'hui, et les élèves ont intérêt à rentrer dans le rang.

Un esprit sain dans un corps sain

À l'école primaire, l'enseignement de l'hygiène reste important. On nous apprend comment désinfecter et aérer les logements, comment bien nous laver. Il est beaucoup question des vaccins et de leurs inventeurs, et on nous demande de vendre des timbres spéciaux pour lutter contre la tuberculose.

L'éducation physique prend de l'importance. Nos grands frères et nos grandes sœurs, au collège et au lycée, font, dans des stades, ce qu'on appelle des « mouvements d'ensemble ». Tous les élèves doivent apprendre les mêmes enchaînements et les réaliser de concert, dans des chorégraphies impressionnantes.

Dans les écoles laïques de campagne comme la mienne, l'enseignement reste souple, même s'il y a une note de discipline, et les punitions sont classiques – lignes à copier et retenue après l'école. En revanche dans d'autres établissements, notamment certaines écoles religieuses, les punitions sont bien plus imaginatives. On risque d'y recevoir des coups de règle sur les doigts, d'aller au coin, de se faire poser du papier collant sur la bouche quand on bavarde, de porter un bonnet d'âne, de faire le tour des classes accompagné d'un bon élève avec un cahier taché accroché dans le dos, et même de rentrer chez soi affublé de la sorte.

Des élèves bien disciplinés.

Quand un enfant fait pipi dans sa culotte, il se retrouve sur le « banc de quarantaine » et doit rester là, sale, devant tout le monde. Les élèves qui mâchent du chewing-gum en classe doivent le mâcher sur l'estrade jusqu'à l'avaler. Quant à ceux qui ont bien travaillé, ils reçoivent des bons points et des images.

De 6 à 10 ans

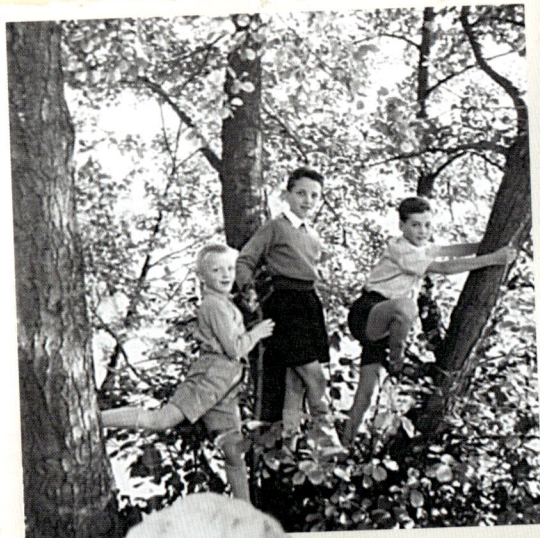

Enfants jouant dans les arbres.

Au jardin.

Loisirs et jeux de plein air

Entre six et dix ans, les enfants commencent à avoir des activités en dehors de l'école, en particulier le jeudi, jour de congé. Le catéchisme est le « loisir » le plus courant pour les enfants de familles croyantes. On peut aussi aller au patronage, une sorte de garderie dans laquelle on fait toutes sortes d'activités, et rejoindre les scouts ou leur version laïque, les éclaireurs.

Les enfants qui ont accès à un enseignement artistique, comme la musique, sont assez rares. Cela reste le privilège des familles aisées. Les petits citadins peuvent aller au cinéma voir les dessins animés qui sortent en ce début des années cinquante, comme *Cendrillon* ou *Bambi*, et des films comme *Jeanne d'Arc* ou *Cyrano de Bergerac*. Le petit théâtre de Guignol est aussi une attraction très appréciée.

Mais la plupart des enfants passent la majorité de leur temps libre à la maison, dans le jardin ou dans la rue.

On investit ces lieux familiers, transformant tout en terrain de jeu. Les filles jouent à la marelle, font des rondes ou sautent à la corde tandis que les garçons préfèrent jouer aux billes. Filles et garçons ne se fréquentent que rarement, mais il nous arrive de faire des rondes et de chanter :

Ma poupée et moi.

« Le palais royal est un beau palais, toutes les jeunes filles sont à marier, Mademoiselle… est la préférée de Monsieur… qui veut l'épouser. » On essaie alors de marier, le temps d'une chanson, chaque fille avec un garçon des environs.

Avec ma copine du village, nous jouons surtout à la poupée et à la dînette. La mode est aux poupons en celluloïd au corps très dur, auxquels je préfère ma bonne vieille poupée en tissu remplie de son que m'a envoyée mon oncle d'Amérique.

Pour la dînette, nous utilisons tout ce qui nous tombe sous la main : herbes du jardin et chatons de noyer deviennent, dans nos minuscules tasses de porcelaine, des mets de choix à partager.

L'avantage de la vie à la campagne, c'est aussi que nous côtoyons des animaux. Nous avons des lapins, des poules, des canards et une chèvre nommée Lolotte, qui fait régulièrement des petits. Ma mère nous emmène toujours voir les biquets qui viennent de naître.

De 6 à 10 ans

Même si c'est très rare, il arrive aussi que nos parents se muent, pour quelques instants, en compagnons de jeu. Ainsi, je peux passer des heures à coiffer les cheveux, pourtant courts et rares, de mon beau-père qui se laisse faire de bonne grâce.

Jour après jour

À la campagne, le jeu se transforme vite en activité utile. Entre deux séances de dînette, on ramasse des brindilles pendant que mon beau-père taille les arbres, ou cueille des légumes dans le potager. On aide à faire les courses, on met la table, on la débarrasse.

À partir du début des années cinquante, la vie des ménagères commence à se simplifier. Beaucoup d'entre elles, surtout à la ville, ont désormais à leur disposition machines à laver, aspirateurs et réfrigérateurs. Certains foyers sont équipés d'un tourne-disque, appelé « pick-up », qui remplace l'encombrant phonographe. Pour beaucoup de Français, le logement devient aussi plus décent. C'est le début des HLM (habitations à loyer modéré).

On fait également de gros progrès en matière de santé publique. La pénicilline sauve de nombreuses vies. Lors des visites médicales dans le cadre scolaire, on se fait vacciner contre la tuberculose.

Les bons petits plats reviennent dans les assiettes. Même les gens simples arrivent la plupart du temps à se nourrir décemment. À la campagne, on mange beaucoup de plats traditionnels, toujours faits maison, comme la blanquette de veau, le coq au vin ou la daube.

En voiture !

De plus en plus de familles possèdent une voiture, même si elles coûtent encore très cher. Les Français préfèrent souvent les quatre-chevaux ou les 203 aux voitures américaines, plus onéreuses. De notre côté, on est loin de la belle Hotchkiss que mes parents possédaient avant la guerre. Désormais, nous roulons dans une sorte de camionnette dans laquelle on peut ranger les outils. Dans notre petit village, avoir un véhicule est presque essentiel.

En ville également, la voiture se démocratise. Comme il n'est pas encore interdit d'utiliser son klaxon dans les rues, cela donne lieu, surtout dans les grands axes et sur les places parisiennes, à une impressionnante cacophonie.

Première Citroën 2CV, 1948.

De 6 à 10 ans

Enfant trouvant des cadeaux dans ses souliers (1951).

Jours de fête

Notre enfance est rythmée par les fêtes. Noël est la préférée des enfants et la décoration du sapin, le moment le plus attendu. On y place de petites bougies que l'on allume avec d'infinies précautions pour éviter que l'arbre ne se transforme en brasier.

La tradition est de placer une lettre adressée au Père Noël dans une grande chaussette qui sera remplie de bonbons, et de laisser un petit quelque chose à manger pour le remercier, ainsi qu'une carotte pour son attelage. Souvent, les parents prennent soin de manger ces victuailles pour persuader les enfants de son passage. Le matin du 25 décembre, nous trouvons un cadeau dans nos souliers.

Maintenant que la guerre s'éloigne et que la vie est revenue à la normale, il est plus facile de faire des cadeaux aux enfants et d'organiser des repas festifs. Nous mangeons de la dinde et, en dessert, une bûche de Noël.

L'un des événements les plus attendus de nos jeunes vies, c'est la communion solennelle. Même si ma famille n'est pas croyante, ma mère, très marquée par l'holocauste, tient à ce que nous suivions les rituels chrétiens. Les préparatifs de la communion sont très importants. Les garçons sont vêtus d'un costume sombre et portent souvent pour l'occasion leur premier pantalon long. Les filles ont de longues robes blanches et un voile. Nous marchons, un cierge à la main, devant toute la famille, les amis et les gens du village, sur fond d'orgue solennel. C'est un jour très excitant et un peu intimidant que beaucoup d'enfants attendent avant tout pour les cadeaux et les invités, qui apportent du changement et de la joie à la maison.

Communion solennelle.

Le livre de poche

Le 9 février 1953 est mis en vente, par les éditions Hachette, le « Le Livre de poche ». Des livres de petit format avaient déjà été commercialisés, mais cette collection sera la première à créer l'événement. Le livre devient un produit de consommation courante. Plus maniable, moins cher, il démocratise la littérature tout en répondant aux besoins des étudiants, de plus en plus nombreux.

Si cette nouveauté est d'abord décriée par de nombreux intellectuels qui craignent la banalisation de la pensée, d'autres, comme Jean Giono, y voient au contraire un merveilleux outil de diffusion des idées. Les ventes explosent et ne cesseront

d'augmenter, inspirant de nombreux éditeurs qui créeront eux aussi leur collection de poche.

Le premier titre mis sur le marché est Kœnigsmark de Pierre Benoît, un académicien de droite aux idées nationalistes dont les ouvrages sont empreints d'aventure et d'érotisme. Le choix de ce livre pour une première sortie en poche va clairement dans le sens d'une littérature de divertissement, vite consommée et vite oubliée. Mais cette tendance éditoriale ira de pair avec l'essor des grands courants intellectuels de l'époque, eux aussi rendus accessibles au plus grand nombre par le livre de poche.

De 6 à 10 ans

1954-1957 Les **années** collège

Le sésame pour entrer au collège

À la fin de la primaire, les élèves qui veulent continuer leurs études passent l'examen d'entrée en sixième. Les autres achèvent leur scolarité avec l'obtention du certificat d'études et entrent dans la vie active. De nombreux parents, surtout dans le monde rural, préfèrent que leurs enfants ne fassent pas d'études trop longues afin qu'ils puissent les aider le plus vite possible dans leur travail. Les jeunes qui étudient longtemps sont beaucoup moins nombreux qu'aujourd'hui, et la scolarité n'est obligatoire que jusqu'à quatorze ans.

Pour ma part, je réussis l'examen et entre en sixième au collège. En plus d'un nouvel établissement scolaire, je vais découvrir une nouvelle ville, et une nouvelle vie.

Chronologie

17 mai 1954
L'arrêt Brown versus Board of Education de la Cour suprême des États-Unis ordonne la fin de la ségrégation raciale dans les écoles. Cette loi sera difficilement respectée : le 24 septembre 1957, neuf jeunes noirs seront expulsés de l'établissement scolaire de Little Rock.

20 juillet 1954
Fin de la guerre d'Indochine, marquée par les accords de paix de Genève.

1er novembre 1954
Appel du secrétariat général du FLN au soulèvement du peuple algérien. Vague d'attentats qui marque le début de la guerre d'Algérie : c'est la Toussaint rouge.

14 mai 1955
Pour faire face à l'OTAN, la plupart des États du bloc communiste se rassemblent en une alliance militaire autour du pacte de Varsovie.

26 janvier 1956
Nasser, dirigeant de l'Égypte, annonce la nationalisation du canal de Suez afin de financer la construction d'un barrage. Les Français et les Anglais, actionnaires du canal, réagissent avec l'aide d'Israël. L'opération militaire se solde par la défaite de l'Égypte et Israël occupe le Sinaï. Les troupes israéliennes et franco-britanniques se retireront en 1957 sous la pression des États-Unis et de l'URSS.

2 mars 1956
Fin du protectorat au Maroc. Le pays accède à l'indépendance.

23 octobre 1956
Insurrection de Budapest. Le peuple hongrois se révolte contre le communisme stalinien au pouvoir. La révolution est écrasée par les chars soviétiques.

7 janvier 1957
Les parachutistes du général Massu mènent la bataille d'Alger, dans laquelle la torture sera largement employée.

4 octobre 1957
L'URSS envoie dans l'espace *Spoutnik 1*, le premier satellite artificiel de la Terre.

À l'aube d'une nouvelle vie.

La vie d'interne

Les enfants des villages isolés comme moi sont scolarisés loin de leur domicile et doivent être internes. Nous ne rentrons chez nos parents que les week-ends. La vie d'interne est assez rude, sans beaucoup de distractions. Nous dormons dans d'immenses dortoirs comportant des dizaines de lits alignés. Une surveillante, installée dans un box, veille sur notre sommeil. L'hygiène est très sommaire. On apporte notre linge sale chez nous le samedi pour revenir avec des habits propres. Il n'y a pas de douche mais

De 11 à 14 ans

une vingtaine de lavabos dans lesquels on se lave avec un gant de toilette. Ce sont les élèves qui font le ménage : il y a un tableau de service, avec une tâche attribuée à chacune. La directrice et les pionnes passent régulièrement vérifier qu'elles sont bien accomplies.

La nourriture n'est pas très bonne mais, heureusement, nos parents nous donnent toutes les semaines des provisions que l'on ramène au collège dans une grande boîte en bois. Grâce à eux nous avons, pour le goûter, de la confiture, du miel ou du chocolat. Ils nous donnent aussi des sardines en boîte, des fruits, et tout ce qui peut améliorer notre quotidien un peu austère. Les orphelines de l'Assistance publique n'ayant pas de boîtes à provisions, nous partageons nos denrées avec elles et le goûter devient un moment très convivial. Cette proximité dans la vie de tous les jours suscite souvent des amitiés solides. Aussi, même si elle constitue un changement radical, je m'habitue vite à la vie d'interne. Les jeunes adolescentes que nous sommes – même si ce n'est pas un terme qu'on emploie à l'époque – ont besoin de liberté et apprécient de se retrouver ainsi entre copines du matin au soir.

Malgré la discipline stricte, on se débrouille toujours pour bavarder et s'amuser. Le soir, nous sortons nos lampes électriques pour faire les folles au nez et à la barbe des surveillantes. Mais nous veillons quand même à ne pas dépasser les bornes : les filles punies sont prises en main par la directrice, qui les emmène au pas de charge faire une promenade forcée sur la colline qui surplombe l'internat…

Au collège, on porte un uniforme, une blouse et un chapeau différents pour chaque classe. Le chapeau est obligatoire, même pour rentrer chez nous le samedi. La directrice nous suit dans la rue pour vérifier que nous le gardons bien sur la tête !

À la fin de l'année, celles qui ont bien travaillé ou se sont bien comportées – il y a aussi des prix de bonne conduite et de camaraderie – sont récompensées par de beaux ouvrages aux reliures imposantes. Plus le prix est important, plus le livre est spectaculaire.

La puberté

Cette période est aussi celle où les filles découvrent leur corps et deviennent des femmes. Certaines, comme moi, sont informées par leur mère de l'arrivée de leurs règles et des changements physiques entraînés par la

Adolescente, fin des années cinquante.

Jeune garçon.

puberté, mais ce n'est pas le cas de tout le monde. Nous pallions ces manques en parlant entre nous, le plus discrètement possible, avec un véritable vocabulaire d'agents secrets : pour signifier que nous avons nos règles, nous disons : « Les Anglais débarquent. » Les serviettes hygiéniques sont encore rudimentaires – une ceinture élastique avec une protection en tissu, maintenue par des épingles à nourrice. Nous devons les laver en rentrant chez nous le week-end, et sommes donc obligées de les garder toute la semaine entreposées dans un sac : point d'orgue de l'hygiène sommaire de notre vie d'internes.

Entre onze et quatorze ans, nous en apprenons un peu plus sur la sexualité et la « reproduction », sujets souvent difficiles à aborder en famille. Si l'on raconte encore à certains enfants des histoires de choux, de cigognes et de roses, je n'ai jamais rien entendu de tel mais n'ai pas non plus eu droit à des explications très précises. En cours de sciences naturelles, nous étudions l'appareil reproducteur des plantes et des animaux, et en déduisons que les humains doivent posséder quelque chose de similaire.

De 11 à 14 ans

Gérard Philippe et
Lilli Palmer dans le
film *Montparnasse 19*
en 1957.

Le collège n'étant pas mixte, les filles et les garçons se côtoient peu et les
premières amours restent la plupart du temps très platoniques.

Nous nous contentons de peu et la moindre manifestation d'intérêt fait tout
le sel des conversations entre copines. Pour ma part, je suis amoureuse
d'un garçon dont les parents habitent en face du collège. Je regarde souvent le pavillon de sa famille au loin, et cet amour imaginaire me suffit.

Beaucoup de filles sont amoureuses de James Dean, surnommé « l'idole
des jeunes ». Quand il se tue dans un accident de voiture, le 30 septembre
1955, des milliers d'adolescentes ont le cœur brisé. Pour ma part, je ne suis
pas insensible à son charme mais je préfère le séduisant Gérard Philipe.

James Dean et Liz Taylor dans le film *Giants* (1956).

L'accès à la culture

À part les cours dispensés au collège, les internes ont assez peu accès à la culture. En ce qui me concerne, et bien que mon beau-père soit un ancien instituteur, ma famille n'est pas très portée sur la lecture. Dans mon petit village, il n'y a pas de bibliothèque ni de bibliobus, ces véhicules qui apportent des livres dans les campagnes. Je ne suis pas non plus lectrice des revues pour enfants comme *Fillette*, avec les histoires de l'espiègle Lili, ou *Le Journal de Spirou*,

Jacques Prévert en 1954.

avec « le coin des dégourdis », dont certaines de mes camarades sont friandes. Malgré tout, je me souviens de certains ouvrages qui m'ont marquée et m'ont peut-être donné le goût, développé par la suite, des livres et de la culture en général. Je me souviens de *La Petite Fadette* de George Sand, de *Pêcheurs d'Islande* de Pierre Loti, des livres de Jacques Prévert, de *Premier de cordée* de Frison-Roche, de *Heidi, fille de la montagne* et de *La Case de l'oncle Tom*, autant d'ouvrages qui rencontrent beaucoup de

De 11 à 14 ans

Romy Schneider dans *Sissi* (1955).

succès à l'époque. J'apprécie aussi ceux de la collection « Rouge et Or », ornés de belles images en couleur.

Même si je ne suis pas une grande lectrice, je n'ignore pas que ces années sont marquées par des courants intellectuels dont je comprendrai plus tard l'importance. Boris Vian, Raymond Queneau, Roland Barthes ou encore Albert Camus, qui obtient le prix Nobel de littérature en 1957, marquent leur époque, créant de nouveaux courants de pensée ou tentant des expérimentations formelles qui bouleverseront le monde des lettres. À cette époque, la littérature est intimement liée à l'engagement politique. Ainsi, Jean-Paul Sartre, qui a créé la revue *Les Temps modernes* en 1945 avec, notamment, Simone de Beauvoir et Raymond Aron, pense que l'écrivain est engagé quoi qu'il fasse. En 1956, quand les Soviétiques écrasent dans le sang l'insurrection de Budapest, il prend publiquement ses distances avec le parti communiste mais il restera, jusqu'à la fin de sa vie, très engagé politiquement. Ses œuvres et sa personnalité très médiatiques ont un retentissement hors du commun, y compris dans les milieux peu intellectuels, ce qui fait de lui une figure incontournable de notre jeunesse.

Étant interne, je n'ai que très rarement la possibilité d'aller au cinéma, mais je me souviens de certains films qui ont marqué ces années-là comme Les *Grandes Manœuvres* ou la série des *Sissi*.

À l'époque, on écoute beaucoup la radio, et notamment des feuilletons populaires comme « Les Duraton » avec Jean Carmet ou « Sur le banc ». On y entend aussi les chansons à la mode, dont la plupart fleurent bon l'aventure et l'exotisme. Ainsi, on découvre « Bambino » de Dalida, « Davy Crockett » d'Annie Cordy, « Dans les plaines du Far West » d'Yves Montand. C'est aussi les débuts de Georges Brassens, qui débarque sur la scène musicale avec l'iconoclaste « Gare au gorille ». Édith Piaf reste également très à la mode.

L'abbé Pierre

Durant l'hiver 1954, un froid terrible envahit l'Europe. Les sans-abri souffrent particulièrement de ces conditions difficiles et, le 1er février, une voix se fait entendre pour briser l'indifférence dont ils sont victimes. Sur Radio Luxembourg, un prêtre lance un appel. La passion et l'éloquence de cet inconnu rencontrent des réactions inespérées ; les Français se révèlent exceptionnellement généreux.

Le protecteur des « couche-dehors ».

Cet homme, c'est l'abbé Pierre, de son vrai nom Henri Grouès. Après avoir joué un rôle actif dans la Résistance et recueilli des enfants juifs, il est devenu député et a fondé, en 1949, un mouvement laïc d'aide aux plus démunis nommé Emmaüs. En leur redonnant du travail et l'envie de se réinsérer dans la société, il lutte contre l'exclusion et fonde un véritable réseau de solidarité.

Au vu de l'adhésion que rencontre son appel, l'abbé Pierre élargit son action. Les communautés Emmaüs sont de mieux en mieux coordonnées. On lui doit aussi l'interdiction d'expulser les locataires pendant l'hiver. En 1988, il continue son combat en

créant la Fondation Abbé Pierre pour le logement des défavorisés. Il soutiendra également son ami Coluche dans la création des Restos du cœur. En 1989, un film, Hiver 1954 : L'Abbé Pierre, avec Lambert Wilson dans le rôle titre, en fait une figure encore plus emblématique.

L'abbé Pierre mourra le 22 janvier 2007, à l'âge de quatre-vingt-quatorze ans, des suites d'une infection du poumon. D'innombrables hommages lui seront rendus.

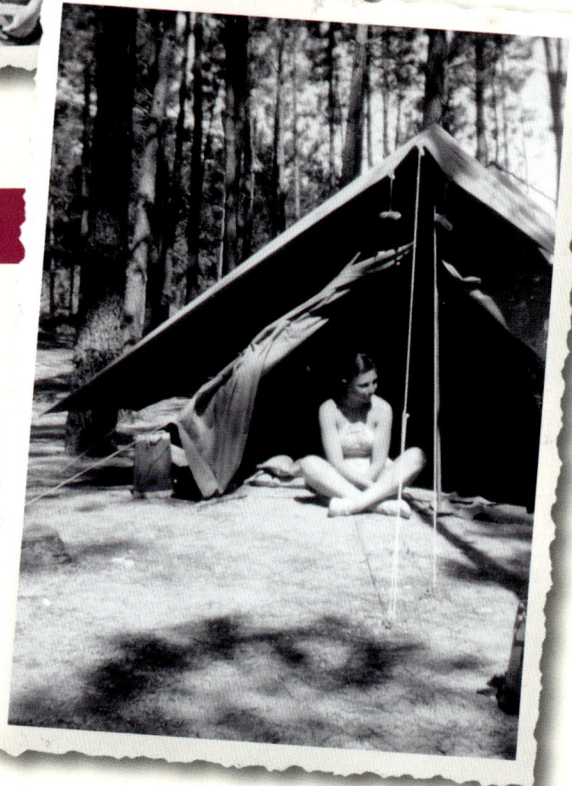

Au camping.

C'est les vacances !

Pendant les vacances, certains enfants s'affranchissent
pour un temps du cocon
familial en partant en colo-
nie. Même si les conditions
y sont assez rudes – on
dort sur des lits de camp, il
peut faire très froid et les
installations sanitaires sont
on ne peut plus rudimen-
taires – les « colos », sou-
vent organisées à la montagne, permettent de prendre
un grand bol d'air et de vivre, souvent pour la première fois, ses propres
expériences.

   Mais pour les internes comme moi, qui sont loin de chez eux toute l'année,
les vacances sont surtout l'occasion de passer du temps avec nos parents.
L'été, on grimpe dans la vieille camionnette de mon beau-père, direction un
camping « GCU » (Groupement des campeurs universitaires), réservé aux
enseignants et à leurs familles.

Mais ces vacances « tous ensemble », dans l'air du temps d'une époque où l'engagement dans des activités collectives est monnaie courante, n'est bien sûr pas le lot de toutes les familles. Beaucoup choisissent de partir seules, à la campagne ou à la mer. Passer une partie de l'été à la plage est devenu vrai un rituel pour de nombreux vacanciers.

Jeux d'enfants.

Les stations balnéaires ne sont plus le pré carré des familles bourgeoises et s'adaptent à la demande de Français modestes, de plus en plus nombreux à vouloir profiter de leurs loisirs. Des stations balnéaires comme Royan,

À chacun son coin de sable.

De 11 à 14 ans

Tous à la plage.

endommagées par la guerre, sont reconstruites sur un nouveau modèle, adapté à un tourisme de masse en plein développement. Le film *Les Vacances de monsieur Hulot*, sorti en 1953, donne une vision ironique et absurde de ces lieux de villégiature qui deviennent de véritables institutions.

Le plastique c'est fantastique

À la maison aussi, les années cinquante apportent leur lot de changement. On assiste à l'essor, dans presque tous les domaines, de la matière plastique. Plastique égale modernité, à tel point que les ménagères sont tentées de se débarrasser de leur vaisselle ou de leurs ustensiles de cuisine pour investir dans ce nouveau matériau.

Pour les meubles, la matière « dans le vent », c'est le Formica. D'un entretien facile, il relègue au grenier les vieux meubles rustiques. Dans notre village, nous avons un train de retard sur la mode et continuons à utiliser beaucoup de meubles en bois. Nous échappons également à la vague des textiles à motifs aux couleurs vives.

Mais s'il y a une chose qu'on ne peut ignorer tout à fait, c'est la mode vestimentaire. L'époque est aux premiers blue-jeans, portés à la corsaire, retroussés sur la cheville, de préférence avec un foulard noué sous le menton comme Grace Kelly. Les filles sont perchées sur des chaussures à « talons bobines »,

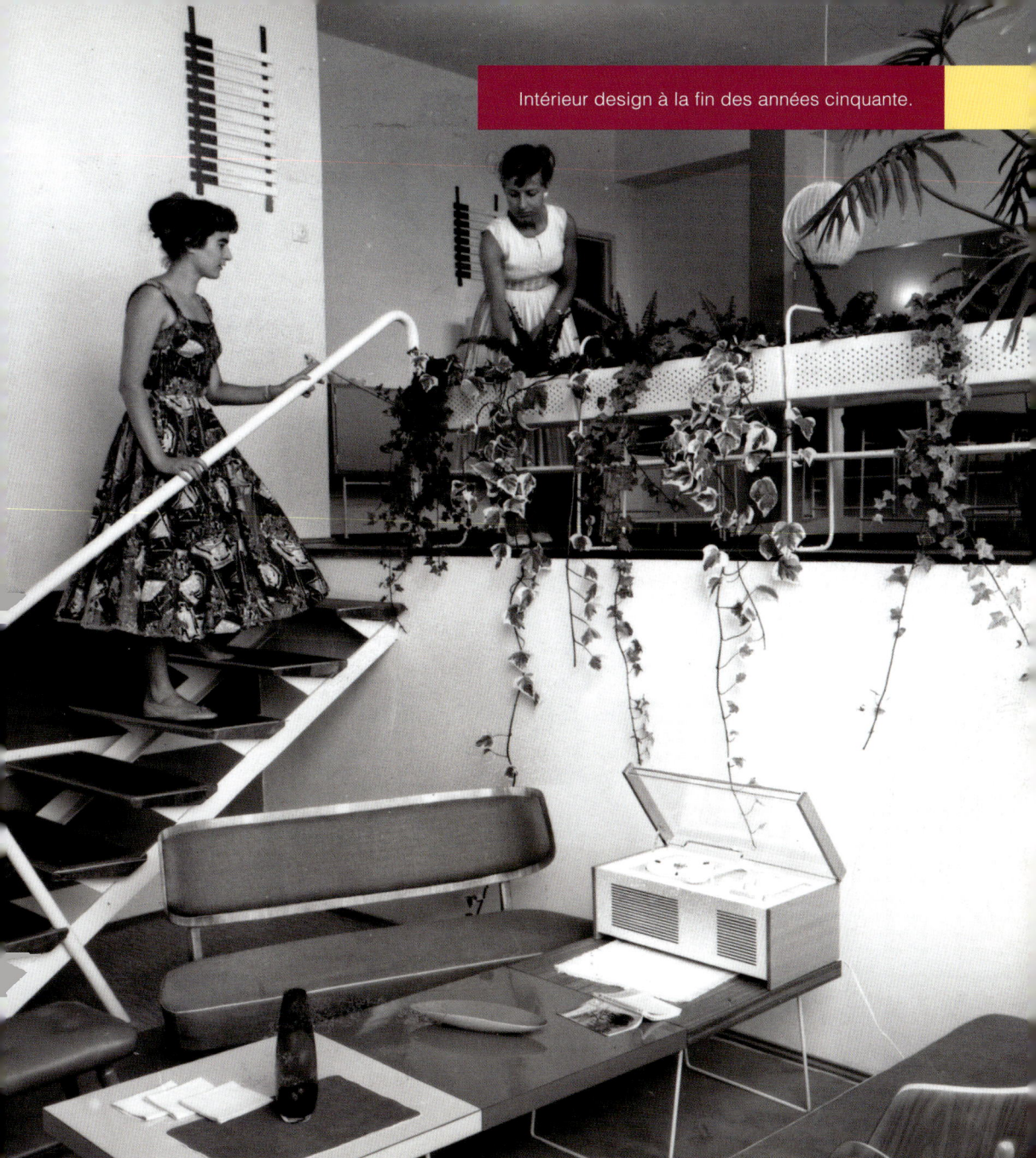

se font des queues de cheval et des chignons, ou arborent des coupes courtes faciles à entretenir. La beauté devient une affaire moins sérieuse que dans les années quarante, où les femmes étaient très apprêtées. Moins d'indéfrisables et de bigoudis, plus de liberté et de naturel. On se lave les cheveux avec des shampooings Dop en berlingots : c'est le début de la société de consommation de masse, des produits au packaging engageant et du jetable. On n'en est pas encore à se soucier de l'environnement…

La jeunesse

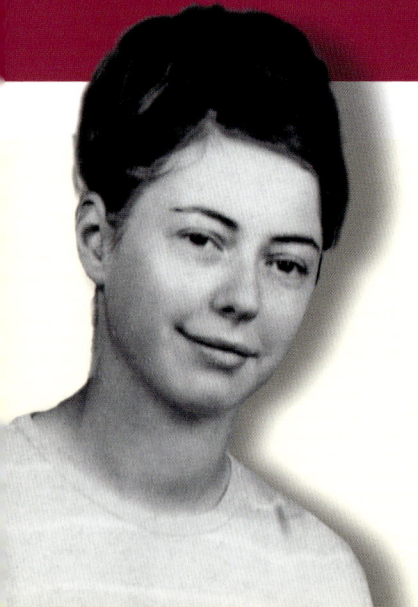

Bientôt dix-huit ans !

Un vent de liberté

La société de consommation, légère et individua-
liste, poursuit son expansion. Les loisirs explosent,
la mode est gaie et acidulée, la France est prospère
et le pouvoir d'achat augmente considérablement.
Le divertissement, notamment à travers la télévision,
prend une place nouvelle dans la vie des Français.
Finies les années moroses, séduction et amusement
sont de rigueur. Les starlettes crèvent l'écran, la
musique américaine déferle sur les ondes, un vent
de liberté souffle sur la France.

Chronologie

5 mai 1958
Mao Zedong lance le Grand Bond en avant.

13 mai 1958
Insurrection des pieds-noirs à Alger. Ils exigent le maintien de l'Algérie française.

31 décembre 1958
Après avoir lancé un appel à la guerre totale contre le régime de Batista à Cuba, Fidel Castro s'empare du pouvoir.

15 septembre 1959
Nikita Khrouchtchev, premier secrétaire du parti communiste en URSS, rencontre le président américain Eisenhower. C'est la première visite d'un dirigeant soviétique aux États-Unis. Provocateur et fort de sa supériorité dans la conquête de l'espace, il annonce à la télévision que les petits-enfants des Américains seront tous communistes.

29 octobre 1959
René Goscinny et Albert Uderzo lancent le projet de la revue *Pilote* « pour les petits français », où Astérix apparaîtra pour la première fois.

11 mai 1960
Adolf Eichmann, ancien fonctionnaire nazi impliqué dans la logistique de la « solution finale », est enlevé en Argentine et transféré en Israël. Il sera condamné à mort et pendu à Jérusalem en 1962.

14 décembre 1960
Accélération spectaculaire de la décolonisation de l'Afrique : Mauritanie, Sénégal, Mali, Niger, Nigeria, Dahomey, Togo, Côte d'Ivoire, Tchad, Cameroun, Gabon, Somalie, Madagascar, Haute-Volta, République centrafricaine, Congo-Kinshasa et Congo-Brazzaville, obtiennent plus ou moins pacifiquement leur indépendance en l'espace de quelques mois.

12 avril 1961
Youri Gagarine, astronaute soviétique, effectue une révolution complète autour de la Terre.

8 septembre 1961
Charles de Gaulle échappe à un attentat.

8 novembre 1961
John F. Kennedy devient le plus jeune président de l'histoire des États-Unis. Il sera assassiné en 1963 à Dallas.

Jeunes gens au début des années soixante.

Le « culte de la jeunesse »

Nous, les enfants de 1943, ne serons majeurs qu'à vingt-et-un ans. Pourtant, dès dix-huit ans, nous avons accès à certaines responsabilités. Nous pouvons notamment passer notre permis de conduire et encadrer des enfants. Nous sommes déjà de « jeunes adultes ». Certains d'entre nous passent l'équivalent du BAFA pour s'occuper de petits dans des colonies de vacances, s'investissent dans le scoutisme ou s'engagent dans des mouvements de jeunesse liés à des convictions politiques ou religieuses.

Dans ces années optimistes, au cœur des Trente Glorieuses, la jeunesse est de plus en plus valorisée en France. Les jeunes commencent à avoir leur propre culture, préfigurant l'explosion de 1968. Ils ne sont plus considérés comme quantité négligeable, mais au contraire comme des

Simone de Beauvoir et Jean-Paul Sartre en 1959.

modèles dont s'inspirent la mode, les médias et la société toute entière. Les années cinquante puis soixante sont les décennies où naît et s'installe la « musique de jeunes ». Ces derniers ne sont plus seulement des adultes en devenir, écoutant les disques de leurs parents et s'habillant comme eux. Ils dictent désormais les nouveaux codes de l'époque.

Après le retentissement du livre de Simone de Beauvoir *Le Deuxième Sexe*, paru en 1949, une prise de conscience féministe se développe en France et accompagne ces mutations. Elle atteindra son point d'orgue à la fin des années soixante, essentiellement aux États-Unis mais aussi en Europe, bousculant les certitudes des Françaises et des Français. En 1954, Simone de Beauvoir recevra le prix Goncourt pour son roman *Les Mandarins*, une consécration qui illustre le changement des mentalités en marche.

Des années studieuses

Après le collège, j'entre à l'École normale dès la seconde pour devenir enseignante. En choisissant ma voie si jeune, je suis un parcours tout tracé. En effet, à l'époque, être fonctionnaire est très rassurant, surtout pour les parents. De plus, à l'École normale, on peut bénéficier d'une bourse, ce qui est un avantage non négligeable pour les familles modestes comme la mienne.

L'École normale est un internat, et il n'est pas mixte ! Ainsi, cela reste compliqué de côtoyer des jeunes du sexe opposé, d'autant que nous avons peu de temps libre. Le seul moment où l'on peut aller et venir librement reste le dimanche entre 14 et 17 heures. L'école se situant encore plus loin de mon domicile que le collège, il est rare que je rentre chez moi le week-end.

En cours, on découvre la philosophie, la psychanalyse et l'histoire contemporaine. On étudie la vie de Rosa Luxemburg, la nuit de Cristal, les mutinés du Potemkine, autant d'événements de l'histoire récente qui nous concernent souvent de près. Et on se familiarise avec ce métier d'enseignant que la plupart d'entre nous vont exercer toute leur vie.

À l'École normale.

Jeune homme, début des années soixante.

Jeune fille se maquillant (1960).

Premiers flirts

Entre quatorze et dix-huit ans, c'est souvent l'âge des premiers flirts. Certaines jeunes filles s'initient aux aventures sentimentales à travers des revues comme *Nous deux*, riche en romans photo à l'eau de rose. D'autres préfèrent tenter l'aventure et affronter les garçons directement. C'est l'époque des « bandes de jeunes », propices aux amitiés et aux rapprochements. Grâce à la mode des Vespa, beaucoup plus accessibles que les voitures, on peut se déplacer librement. C'est l'idéal pour les premiers rendez-vous. On va se baigner, on fait des balades. Certaines bandes un peu rebelles inquiètent beaucoup la population : on les appelle les « blousons noirs ».

   Là où j'étudie, nous sommes obligées de rester beaucoup plus sages. Heureusement, il y a des sorties communes comme celles organisées par les JMF (Jeunesses musicales de France), et parfois des concerts ou des bals où l'on côtoie des normaliens. Mais l'endroit propice aux rencontres par excellence, c'est la « surboum », ou « surprise-party ». Les jeunes investissent un appartement et invitent toutes leurs connaissances pour faire la fête au son des rythmes à la mode. Cela se déroule l'après-midi, reste la plupart du temps très bon enfant, et est surtout réservé à la jeunesse dorée. À l'internat, certaines filles font le mur pour retrouver des garçons ou se rendre à ces fêtes très prisées.

Une danse.

Sexualité et contraception

Si la plupart du temps, les flirts se limitent à des baisers échangés, il arrive que certains aillent plus loin. Pourtant la contraception n'est pas encore de mise. La plupart des jeunes filles ne connaissent que la méthode Ogino, du nom d'un gynécologue japonais célèbre pour ses recherches permettant de prévoir la période d'ovulation. Mais Ogino lui-même déconseillait de se servir de sa méthode comme moyen de contraception. C'est le docteur Hermann Knaus qui, approuvé par l'Église catholique, préconise bien plus tard de l'utiliser pour éviter les grossesses non désirées. Le calcul étant très aléatoire, de nombreuses jeunes filles se retrouvent enceintes. Celles qu'on appelle les « filles mères » n'ont pas la vie facile. On dit qu'il ne faut pas « faire Pâques avant les Rameaux ». Pour éviter de voir leurs vies brisées et par peur du regard de la société, de nombreuses jeunes femmes prennent alors le risque de subir clandestinement un avortement, qu'elles pratiquent parfois elles-mêmes et qui se révèle aussi traumatisant que dangereux.

Le MFPF, Mouvement français pour le planning familial, fondé en 1956, aide les jeunes filles en difficulté et milite pour le droit à la contraception. En France, la pilule ne sera autorisée qu'à partir de 1967, accélérant une libération sexuelle qui trouvera son apogée dans les années soixante-dix.

De 15 à 18 ans

Elvis Presley en 1958.

Musique !

Ce qui colle le mieux à l'émancipation de la jeunesse, c'est encore la musique, les rythmes sur lesquels on peut laisser son corps s'exprimer. Les tourne-disques se sont maintenant démocratisés, diffusant abondamment les nouveaux-venus d'Outre-Atlantique, comme Paul Anka ou les Platters qui chantent « Only youuuu ». Chez mes parents, j'en possède un et je peux désormais écouter mes disques vinyles préférés quand je rentre à la maison. En France, c'est le déferlement du rock' n' roll avec Elvis Presley. Les chansons langoureuses donnent le ton des surprise-parties, et on se déhanche sur des cadences endiablées. Le jazz est aussi très présent, avec des standards comme *Petite Fleur* de Sydney Bechet.

Le début des sixties voit aussi émerger les représentants d'un nouveau courant musical, les yéyés. De gentilles jeunes filles chantent des chansons sucrées inspirées d'une musique anglo-saxonne quelque peu édulcorée. À la radio, « Salut les copains », une des premières émissions de variétés pour les jeunes, est très populaire. On y assiste aux débuts de Johnny Hallyday et de Sylvie Vartan. Françoise Hardy fait aussi son apparition sur la scène musicale française. Les chansons de Gilbert Bécaud déchaînent des foules d'adolescentes. Pendant ses concerts, certaines vont jusqu'à briser les fauteuils.

De mon côté, je suis plutôt séduite par les nouveaux chanteurs qui composent des chansons « à texte » : Léo Ferré, dont je découvre le titre « Comme à Ostende » en 1960, mais aussi Charles Aznavour et Georges Brassens, qui devient de plus en plus populaire, même si mes parents continuent à trouver les paroles de ses chansons bien trop grossières.

La Nouvelle Vague

François Truffaut en 1961.

Dans les années cinquante, un nouveau mouvement cinématographique voit le jour en France : la Nouvelle Vague. Ce terme est employé pour la première fois par Françoise Giroud dans L'Express. L'une des spécificités de ce mouvement, c'est qu'il est porté par beaucoup de critiques de cinéma, notamment ceux des Cahiers du cinéma, passés à la réalisation. La hiérarchie traditionnelle est mise à mal : tout le monde peut faire des films, à condition qu'ils soient vrais et personnels. Le premier film estampillé Nouvelle Vague est un court métrage de Jacques Rivette, Le Coup du berger, sorti en 1956. Inspirée par le cinéma américain, la Nouvelle Vague parle de son époque avec une liberté inédite, loin des films « officiels » particulièrement décriés après l'Occupation. Ainsi, on s'inspire désormais de sujets de société et d'un certain air du temps, rendus à l'écran par Claude Chabrol, Éric Rohmer, François Truffaut ou encore Jean-Luc Godard. Ces cinéastes s'appuient sur une équipe réduite et travaillent souvent sans scénaristes, inaugurant le « film d'auteur ». Ils privilégient les tournages en extérieur aux décors lourds et coûteux, pour un cinéma en prise avec la vie qui capte le réel et évite les mises en scène trop artificielles. Leurs films montrent une jeunesse nouvelle, mue par un grand appétit de vivre et d'aimer.

61

La mode BB

Celle qui fait la pluie et le beau temps dans le monde de la mode de ces années-là, c'est Brigitte Bardot. Ses chignons crêpés et laqués, ses robes vichy très serrées à la taille et ses jupes bouffantes… toutes les filles veulent les mêmes. On amidonne les jupons avec de la gomme arabique : il faut les y laisser tremper puis les repasser mouillés, un procédé complexe mais qui confère aux jeunes femmes une silhouette unique. Même les accessoires sont estampillés BB. Petit panier en guise de sac à main qu'on appelle « panier gondole », ballerines et sandales à lanières, la mode d'été est légère et ultra féminine.

L'hiver, on sort les duffel-coats, les jupes à motif « prince de Galles » ou « pied de coq », les vestes de mohair. Les sous-vêtements sont pastel, on met des bas nylon et des porte-jarretelles, les cardigans sont portés à l'envers pour que les boutons soient dans le dos et la poitrine est particulièrement mise en valeur. Les filles jouent au hula hoop avec un cerceau coloré et tissent des scoubidous.

On se fait faire les vêtements chez des couturières ou on les achète, quand on est moins en fonds, dans des grands magasins comme Monoprix. Les boutiques de prêt-à-porter sont réservées aux habits coûteux que la plupart des jeunes filles ne peuvent s'offrir. Et quand on n'a pas les moyens, qu'à cela ne tienne : on se crêpe les cheveux à la bière !

Devenir adultes

Cette vague de légèreté préfigure celle que nous, les enfants de 1943, nous apprêtons à vivre dans les années soixante-dix, où les conventions exploseront après la déflagration de 1968. Mais, déjà, cette époque paisible et joyeuse est une sorte de revanche sur notre difficile petite enfance. Nous sommes l'une des premières générations de Français à profiter pleinement de nos jeunes années, avec plus de liberté et un nouveau champ des possibles qui s'ouvre à nous.

Pourtant, la société de consommation qui s'installe porte en elle les germes de nouvelles formes d'inégalités et d'exclusion. Notre jeunesse, loin d'être seulement frivole, sera aussi pour beaucoup d'entre nous synonyme de lutte et d'engagement. Les grands courants intellectuels du XXe siècle s'épanouissent et les combats politiques, qui semblent porteurs de beaucoup d'espoirs, nous galvanisent. Beaucoup d'entre nous chercheront, dans les années qui suivent, à participer de leur mieux à la société qui se crée et à la rendre plus juste. Mais pour l'instant, à l'aube des sixties, nous profitons de ces années légères sans trop penser au lendemain.

Brigitte Bardot en 1957.

De 15 à 18 ans

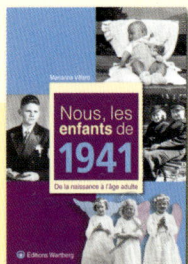

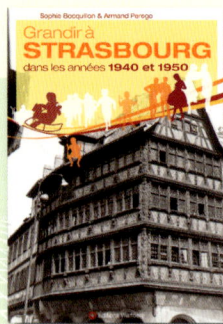

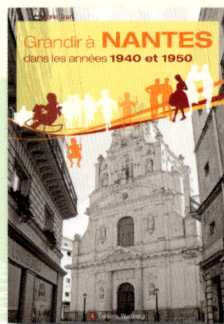

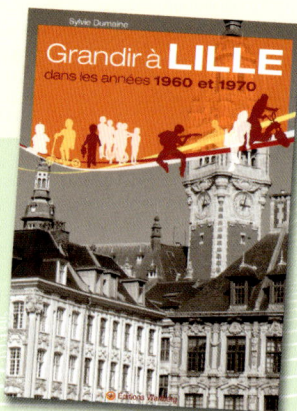